改什么？
如何教？
怎样考？

高中英语新课标解析

梅德明　王　蔷 ◉ 主编

外语教学与研究出版社
FOREIGN LANGUAGE TEACHING AND RESEARCH PRESS
北京 BEIJING

图书在版编目 (CIP) 数据

改什么？如何教？怎样考？：高中英语新课标解析／梅德明，王蔷主编. ——
北京：外语教学与研究出版社，2018.1（2022.8 重印）
ISBN 978-7-5135-9833-0

Ⅰ．①改… Ⅱ．①梅… ②王… Ⅲ．①英语课－课堂教学－教学研究－高中
Ⅳ．①G633.412

中国版本图书馆 CIP 数据核字 (2018) 第 022115 号

出版人　　王　芳
项目策划　　范海祥
责任编辑　　范海祥
封面设计　　彩奇风
出版发行　　外语教学与研究出版社
社　　址　　北京市西三环北路 19 号（100089）
网　　址　　http://www.fltrp.com
印　　刷　　三河市北燕印装有限公司
开　　本　　650×980　1/16
印　　张　　11
版　　次　　2018 年 1 月第 1 版 2022 年 8 月第 6 次印刷
书　　号　　ISBN 978-7-5135-9833-0
定　　价　　49.00 元

基础教育出版分社：

地　　址　　北京市西三环北路 19 号 外研社大厦 基础教育出版分社 (100089)
咨询电话：(010)88819117/88819688
传　　真：(010)88819422
网　　址：http://www.unischool.cn
电子信箱：beed@fltrp.com

购书咨询：（010）88819926　电子邮箱：club@fltrp.com
外研书店：https://waiyants.tmall.com
凡印刷、装订质量问题，请联系我社印制部
联系电话：（010）61207896　电子邮箱：zhijian@fltrp.com
凡侵权、盗版书籍线索，请联系我社法律事务部
举报电话：（010）88817519　电子邮箱：banquan@fltrp.com
物料号：298330001

记载人类文明
沟通世界文化
www.fltrp.com

前　言

2014 年 12 月，教育部全面启动了新一轮高中课程改革。此次课程改革对 2004 年开始施行的《普通高中课程标准（实验）》进行全面修订。课标修订工作以贯彻落实党的十八大提出的立德树人根本任务为指导方针，深入总结新世纪以来我国普通高中课程改革的宝贵经验，充分借鉴国际课程改革的优秀成果，旨在将我国高中课程标准修订成既符合我国实际情况，又具有国际先进水平的纲领性教学文件。

我国普通高中教育历经十多年的课程改革，面临着新时代的新挑战。随着全球化时代浪潮不断推进，信息网络技术突飞猛进，各种文化交流、观念交锋、思想交融、信息交互更加频繁，国际竞争日趋激烈。在移动网络、大数据、信息化环境中成长起来的一代青少年，思想意识更加自主，价值追求更加多样，个性特点更加鲜明，发展欲望更加强烈。面对时代的变化和社会的发展，我们必须从教育制度建设到课程实施诸方面进一步提高国民综合素质，培养具有中国情怀和国际视野的人才，提高基础教育领域人才培养的质量。

因而，高中英语课程建设必须与时俱进，高中英语教育教学必须深化改革。高中英语课程改革的关键环节是依据党的关于立德树人为教育之本的指导思想，对现行《普通高中英语课程标准（实验）》进行全面修订。为此，教育部组织了有关专家和机构人员组建了高中英语课程标准修订组，对国内外高中英语教育进行专题调研，深入总结分析了高中英语课程改革近十年来取得的成绩、积累的经验和存在的问题，比较研究了国际基础教育外语课程改革的重要突破和主流趋势，重点研究了高中英语教育的定位与性质，高中英语课程的育人功能、主要任务、课程结构以及课程实施的保障措施等问题。

修订组的专家用三年的时间，以贯彻党的十八大和十九大关于落实立德树人根本任务、体现社会主义核心价值观、弘扬中华文化为指导思想，以培养学生核心素养为纲，依据国家普通高中课程方案、高考招生考试改革指导意见、课程标准好用及管用的原则，充分反映本学科国际发展趋势，积极汲取本学科十年来的课改经验和成果，在调查研究、征求意见、充分讨论、反复比较、指标测试的基础上，采取难点攻关、重点突破、各方求教、分合并进等方法，反复研磨，取精用弘，圆满完成了《普通高中英语课程标准》（以下简称"课标"）的修订工作。

在《普通高中英语课程标准（2017年版）》颁布之际，有必要向新课标使用者准确阐明课标修订的时代背景及修订宗旨，准确阐释以立德树人为根本任务及以培养学科核心素养为纲的课程理念、目标、内容、方法、评价等关键环节的基本内容和主要特点，回答英语课程培养什么人、如何培养人、为谁培养人等原则性问题，解读英语学科的核心素养及其评价标准，并就"改什么""如何教""怎样考"等具体问题有针对性地进行解答。

《普通高中英语课程标准》的修订宗旨是在世界多极化、经济全球化、文化多样化的时代，深入贯彻党的全面发展、立德树人的指导思想，渗透社会主义核心价值观教育和中华优秀传统文化、革命文化和社会主义先进文化教育，着力发展和提升学生英语学科核心素养。依据《教育部关于全面深化课程改革 落实立德树人根本任务的意见》《普通高中课程方案（修订稿）》《学生发展核心素养体系研究报告》等文件和课程教育研究成果，修订组的专家对《普通高中英语课程标准（实验）》进行了全面修订，涵盖了课程性质及理念、育人目标及学科核心素养体系、课程设置及内容要求、学业质量标准及评价原则、课标实施建议等方面。新修订的《普通高中英语课程标准（2017年版）》力求使高中英语课程体现新时代党和国家对基础教育人才培养的基本要求，体现高中教育的国际发展趋势，体现学生自主发展和终身学习的教育理念，体现高中学段学生发展的共同基础和个性发展的不同需求，体现融知识、技能、情感态度与价值观于一体的英语学科核心素养培养的基本要求和方法，体现高中英语课程内容的时代性、基础性、选择性和关联性等原则，体现基于核心素养形成和发展的高中英语学业质量的评价标准。

《普通高中英语课程标准（2017年版）》具有以下一些鲜明特点：

突出思想性。强化英语课程的育人功能，培养学生的中国情怀、国际视野和跨文化沟通能力，有机融入社会主义核心价值观的基本内容和要求，坚定文化自信，全面继承和弘扬中华优秀传统文化、革命文化和社会主义先进文化，培养学生树立远大理想、崇高追求和全球意识，促使学生加深对祖国文化的理解，增强爱国情怀，形成正确的世界观、人生观和价值观。

强化综合性。明确英语课程是对学生语言能力、文化意识、思维品质和学习能力的综合培养，在发展学生语言能力的同时，强调的是知识、能力与价值观的有机融合，努力使学生形成良好的文化意识和思维品质，提高对多元世界的认识，学会学习，学会探究，学会合作，学会综合运用，形成整合的、可沉淀的、可迁移的综合素养，使之伴随一生，终身受益。

增强选择性。合理确定必修课程和选修课程的学分比例和学习内容，既强调学科能力的基本要求，又增加满足个性发展的学习需要。

提高科学性。客观反映英语语言在理解、表达、交流、沟通诸方面的人文性和工具性特点，反映英语作为一门外国语的习得规律，确保课程内容的严谨性、准确性、系统性和适用性。

反映时代性。充分体现外语教育的先进思想、理念、手段、方法，根据社会发展的新变化、科技进步的新成果、语言发展的新特点，调整和更新教学内容，倡导以学生为主体的英语学习活动观，实施指向英语学科核心素养综合发展、学生积极参与的活动型课程。

关注适宜性。精选课程内容，紧密联系学生的生活经验和社会阅历，课程容量和难度符合高中学生的年龄特征，倡导以学生为主体的教学活动，并将这种活动视为英语教学的基本形式，要求教师重新审视课堂教学设计和呈现形态的合理性和有效性，优化学生的学习方式，积极主动地为学生设计结构化、情境化、过程化的学习活动。

加大操作性。明确了培养目标、教学内容和学业质量等方面的具体要求，对教学实施、考试评价、教材编写、课程管理、资源利用等提出了具体建议，对教师师德修养、育人意识和育人能力的提升提出了基本要求。

总之，对《普通高中英语课程标准（2017 年版）》的解读和实施，应该基于这样的一种认识，即普通高中英语教育是在九年义务教育基础上进一步提高国民素质、面向大众、以提升学生素养为本的基础教育。普通高中英语课程必须面向全体学生，促进人人成才。普通高中英语课程必须坚持立德树人和素质教育的基本理念，构建具有中国特色、体现国际发展趋势、充满活力的课程体系，促进学生全面而有个性的发展，为学生适应社会生活、高等教育和职业发展作准备，为学生的终身发展奠定扎实的基础。

梅德明

于上海外国语大学

2017 年 12 月

出版说明

21世纪全球化和信息化的快速发展，对教育和人才培养提出了前所未有的挑战。国际及地区组织机构开始积极探讨如何培养适应新世纪要求的人才，以及如何改革课程、教学与评价等方面的一些问题。我国自1999年启动第八次课程改革以来，进行了整体的、全新的课程标准的制订，特别是提出了知识与技能、过程与方法、情感态度与价值观的三维目标，更加关注构建一个以学生发展为本的课程体系。在课程实施方面，我们从过去关注知识，转向更加关注学生能力的发展，课程的评价也尝试进行了一定的改革。经过十几年的努力，课程专家以及广大教师积极实践以学生发展为本的课程理念，尝试改变教学方式，取得了很多重要突破。但是在成绩面前，我们也要清醒地认识到，课程改革的深化还面临着很多问题。

1997年经济合作与发展组织提出了核心素养的概念，世界各国和很多国际组织也相继建立学生核心素养发展的模型，希望通过这样一个模型，重新思考课程目标，深化课程改革，优化课程评价模式，同时提升教师的专业水平。我国教育部在2014年印发的《教育部关于全面深化课程改革 落实立德树人根本任务的意见》文件中，首次提出构建"核心素养体系"的概念，并于当年启动了高中课程标准修订。经过两年多的努力，各个学科都已经构建完成了自己学科的核心素养框架。

2018年《普通高中英语课程标准（2017年版）》（在本书中称"新课标"）正式颁布，把培养具有中国情怀、国际视野、跨文化沟通能力的人作为英语课程的总目标，把发展学生的核心素养作为英语课程的具体目标。英语学科的核心素养是怎样构成的？核心素养各要素之间是什么关系？这些问题普遍为一线广大英语教师所关注，特别是高中英语教师。能否帮助教师正确理解课程标准内容，并且在教学实践中正确地贯彻落实，这是关系到课改成功与否的关键。肩负重大的历史使命与强烈的责任感，外语教学与研究出版社邀请了课标修订组专家，就广大教师关心的问题，进行了系统详细的讲解。

高中英语课程标准涵盖了本学科要求的方方面面，对英语学科如何培养学生核心素养方面进行了全面的描述与规范。本书则选取了一线英语教师最为关心的几个方面，以问题为导向，用案例进行阐释，对学生核心素养的培养作实践性的指导。这些问题大多与教学实践紧密相关，比如：如何能够在原来综合语言运用能力的基础之上，进行整合和提升，构建好英语学科的核心素养？课程设计的依据以及课程的结构如何？课程内容的变化呼唤什么样的课堂教学？基于活动观的教学设计有什么样的特点？但就课堂评价来看，下面这些问题显得尤其重要：课程标准在教学评价方面提出了哪些要求？如何开展课堂形成性评价？课堂终结性评价应该注意什么？什么是学业质量标准？学业质量标准的功能是什么？学业质量标准与考试是什么关系？等等。

要回答好这些问题，让读者容易理解，并能在课堂教学实践中融会贯通、运用自如，这是我们追求的目标。本书所引用的示例都是平时教师熟悉的课堂上讲解的内容。同时，编辑部还创新图书的出版方式，利用互联网技术，将专家的讲课视频上传于服务器，并在图书相应的部分印上二维码，读者可以扫码用手机观看。

最后，编辑部要借此机会向参与本书写作的课标修订组专家表示感谢。他们是：梅德明（第一章）、王蔷（第二章与第五章）、吴一安与陈新忠（第四章）、高洪德（第六章）、程晓堂（第七章）、夏谷鸣（第三章与第八章）等。正是由于他们辛勤的工作，务实的作风，以及对基础阶段英语教学的深入思考与丰富的教学经验，才使本书内容丰富而又浅显易懂。

基础教育出版分社学术与期刊编辑部

2017 年 12 月

目　录

第一章 《普通高中英语课程标准（2017年版）》总体说明

本章对《普通高中英语课程标准（2017年版）》作一个整体的介绍，分为五个部分：1. 修订依据；2. 修订基础；3. 修订思路；4. 修订的内容及其突破点；5. 科学认证。

一、修订依据。这一次的修订有以下六个依据：1. 党的十八大和十九大关于立德树人的要求；2.《教育部关于全面深化课程改革 落实立德树人根本任务的意见》；3.《国家普通高中课程方案》；4. 中国学生发展核心素养体系总框架及其内涵指标；5.《国务院关于深化考试招生制度改革的实施意见》；6. 根据时代发展、学科发展的要求，进行人才培养的国际新动向。

二、修订基础。我们依据高中英语教育课改十年来所取得的成就，同时也关注高中英语教育所存在的问题，此外，还关注全球化时代对高中英语教育所提出的新的挑战，比如如何培养国民综合素养和全球胜任力。

三、修订思路。修订工作贯彻党的教育方针，落实立德树人根本任务，渗透社会主义核心价值观教育，体现全面发展的育人要求，体现外语教育的国际发展趋势。我们站在历史的新起点，以发展的眼光瞄准国际一流的质量定位，继承和发展原课标的正确理念和行之有效的一系列的要求，对存在的突出问题和与时代发展不相适应的地方，进行了讨论与梳理，作了系统修改，尤其是在创新方面提出了新的要求。

我们认为原课标中一些理念与行之有效的要求需要继承，即：1. 强调培养综合语言运用能力和跨文化交际能力；2. 着力培养外语素质和综合人文素养；3. 重视学生的情感态度发展的需要；4. 重视共同基础，提供多种选择；5. 要求课程内容具有时代性、基础性和选择性，满足学生毕业、升学和未来生存发展的需要；6. 拓宽学习渠道，优化学习方式；7. 建立多元开放的课程评价体系。

我们也看到了原课标存在的一些问题。站在新的历史起点，课标需要面向未来、面向教育的新定位，重新定位可从以下七方面去考虑：1. 现在的高中教育定位已经非常明确，是面向大众教育的普通高中；2. 英语学科的必修课程有较大幅度的削减，增加了大量的选修课程，这也需要我们对新课标的内容和评价提出新的指标要求；3. 加强育人的品格取向，要求学生具有中国情怀和国际视野，具有质疑、探索和批判的精神，具有实践和实际操作的能力；4. 研制英语学科核心素养体系；5. 基于核心素养体系提出以核心素养培养为纲，在课程内容、学业质量与评价标准方面按照核心素养培养的要求一以贯之；6. 改革现行的教学模式和学习方式，提出学习活动观，指向学科核心素养的发展；7. 提出指向学科核心素养发展的教学与评价建议。

修订的目标有以下八个方面：1. 体现党和国家的基本要求；2. 体现高中英语教育的国际发展趋势；3. 体现核心素养发展的导向；4. 体现全面而有个性发展的需求；5. 体现内容的时代性、基础性、选择性和关联性；6. 体现指向学科核心素养发展的学业质量和考试评价标准的要求；7. 体现好用管用的可操作性的原则；8. 成为具有鲜明的中国特色，同时也能达到国际一流水平的高中英语课程国家指导性文件。

课标修订工作历时三年，从 2014 年 12 月全面开展，直至 2017 年 12 月。我们明确了学科育人目标和育人方法，着重关注三个关键问题：英语学科应该培养什么人，英语学科如何培养人，英语学科为谁培养人。我们从立德树人的根本任务做起，依据国家课程方案和中国学生发展核心素养体系的总框架，研制英语学科的国家课程标准，同时提出英语学科的核心素养体系以及指标和水平，明确英语学科的性质、理念和目标，重新架构英语学科的课程结构、课程内容和学业要求，提出有针对性的、有操作性的建议。

四、修订的内容及其突破点。我们确立了英语学科核心素养框架，设计了基于学科核心素养的课程内容，提出了指向学科核心素养的英语学习活动观，研制了基于学科核心素养的学业质量标准，提出了基于学科核心素养的教学与评价建议。我们鲜明地提出了英语课程必须培养具有中国情怀、国际视野和跨文化沟通能力的人。这一课程总目标体现了中国情怀、国际视野和沟通能力。我们非常明确地提出这个学科旨在培养具有中国情怀、国际视野和跨文化沟通能力的社会主义建设者和接班人。普通高中英语课程在义务教育的基础上，进一步促进学生语言能力、文化意识、思维品质和学习能力等学科核心素养的形成和发展。

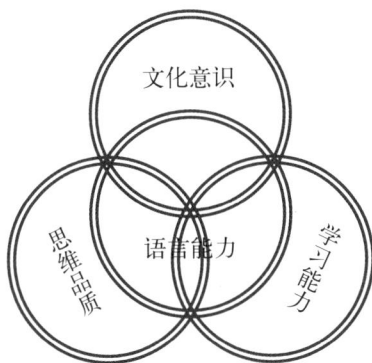

图1　英语学科核心素养示意图

　　图1非常明确地表明了四项核心素养以及它们的关系。应该说英语学科核心素养是学生在接受相应学段英语课程教育的过程中，逐步形成和提升的适应终身发展和社会发展需要的正确价值观念必备品格和关键能力。这是我们对英语学科核心素养的界定。英语学科核心素养由语言能力、文化意识、思维品质和学习能力这四大要素构成。其中，语言能力是学科基础，文化意识是价值取向，思维品质是心智表征，学习能力是发展条件。英语学科核心素养体系涵盖了知识、能力和态度，四大要素相互渗透，融合互动，协调发展，是所有学生应具有的基础性综合素养，具有个人价值和社会价值。以核心素养为发展目标的教育，形成的是整合的、跨学科的、可沉淀的、可迁移的综合素养，融合了认知性素养和非认知性素养，因此英语学科核心素养一旦形成可伴随学生的一

3

生，他们会终身受益。因此，英语学科核心素养既是课程内容的纲要，也是教学环节的主线；既是学生发展的目标，也是教师价值的追求；既是学习活动的导向，也是学业质量的标尺；既是教材编写的依据，也是教师培训的指引。

英语学科高中课程的内容观和活动观是我们这次修订的一个重要范畴。我们在这个范畴中提出了新的看法。我们以国家高中课程方案为依据，构建适合高中学生多元发展的英语课程结构与课程内容。多元课程结构和多要素整合的课程内容，可以从以下方面来思考。我们基于国际比较和学科前沿理论研究提出了指向学科核心素养发展，以主题为引领，以语篇、语言知识、文化知识、语言技能和学习策略诸要素整合的课程内容和学习活动，力求解决外语课堂教学长期存在的语音、词汇、语法、话题等内容教学碎片化以及课堂效率不高等突出问题。英语课程内容诸要素围绕主题情境，通过一系列体现实践性、综合性、探究性和开放性特点的英语学习活动，促使学科核心素养有效形成和综合发展。其中，主题语境提供话题范围和意义情境；各类语篇承载着学生学习语言、体验文化、发展思维和形成学习能力的基本内容；语言知识包含语音、词汇、语法、语篇、语用等基本内容，是学生发展语言能力的基础；文化知识是学生理解文化内涵，汲取文化精华，养成跨文化意识的前提；语言技能涵盖听、说、读、看、写五项技能，是学生学习语言知识，获取、处理和传递信息，发展思维品质的手段；学习策略是学生主动选择和使用学习技巧、方法，提高学习成效、形成学习能力的基础。

指向学科核心素养发展的活动观主要是指以学生为主体的常态化的活动，是英语教学的基本形式，是学生学习和运用英语的主要途径，是英语教师整合教学内容、重组教学要素、激发学生学习热情、实施深度教学的重要保证。通过优化学习方式，实现课程内容的结构化和情境化，改变教学模式和学习方式，提高教与学的效率。英语学习活动观的提出为落实课程总目标提供了有力保障，为整合课程内容、实施深度教学提供了有效路径，是变革学习方式、提升英语学与教的效果的重要举措。在以学生为中心的学习活动观的引领下，英语教师需要重新审视课堂教学设计的合理性和有效性，重组教学内容的诸要素，改革内容的呈现形态，优化学生的学习方式，积极主动地为学生设计结构化、情境化、过程化的活动。英语课程要创设一系列具有关联性、综合性、实践性等特点的英语学习活动，以促进学生英语学科核心素养的形成。英语学科的活动型课程要求学生基于语篇所提供的主题情境，通过学习理解、应用实践、迁移创新等一系列融语言、思维、文化为一体的活动，对语篇意义进行解读、评判和阐释，得体并能创造性地表达个人观点、情感和态度，形成英语语用能力；感知和理解文化异同，获得积极的价值观；学会处理和加工信息，发展思维能力；运用有效的策略与方法，提升学习英语和用英语进行学习的能力。学习活动架起了课程内容和课程目标之间的桥梁，在活动中落实课程内容，通过活动实现核心素养目标和课程总目标。英语学科倡导的学习活动观体现了外语学习的特点，学习理解、应用实践、迁移创新等一系列活动融语言、思维、文化为一体，明确指向并积极促进本学科学生核心素养的形成和提升。

　　另一项突破性工作是研制了基于学科核心素养发展的学业质量标准。学业质量标准以学生应达到的学科核心素养水平为学业质量的衡量标准。例如：通过必修课程学习，学生应能根据问题或情境的需要，围绕学校学习与社会生活、个人品行与公民道德、科学发展与人文情怀等主题和话题，理解口语和书面语篇，综合运用所学的英语语言知识、语言技能、文化知识和学习策略，进行识别、分析、整合、判断等活动，恰当地表达认识、情感态度和价值观。

　　五、科学认证。我们在全国范围内开展了大规模、多层次的前期、中期、后期的调研。我们的调研、专项测试与意见征求工作涉及各个层次，各个范围。我们组织了各类专题会、座谈会、访谈、笔谈与问卷调查。多种形式的调研活动覆盖了全国各地。参与调研的一线教师、教研组长、校长、教研员和部分高校专家以及考试机构的专家对《普通高中英语课程标准》的修订工作以及修订文本表示了高度的认可。我们非常高兴地看到基于核心素养发展的英语课程改革所取得的重要成果：从"双基"走向"三维"，从"三维"走向"素养"，从"知识本位"到"素养本位"，所见证的是由"育知"走向"育人"的历史进程。

第二章　新课标进行了哪些修订？

本章主要关注新课标进行了哪些修订。这一章包括四个方面的内容：首先，谈一谈为什么要修订高中课标；其次，谈一谈核心素养概念的由来；再次，探讨英语学科的核心素养构成及其内涵；最后，介绍本次修订还包括的其他内容。

第一节　为什么要修订高中课程标准？

为什么要修订高中课程标准？高中各学科课程标准的修订是在国际、国内两大背景下进行的。

从国际背景看，21 世纪全球化和信息化的快速发展，对教育和人才培养都提出了前所未有的挑战。很多国际组织、国家政府以及一些地方政府都开始积极探讨新世纪人才培养模式，以及如何改革课程和教学、改善评价方式等方面的问题。

从国内背景看，我国自 21 世纪起，在社会、经济、科技和教育方面都取得了长足的发展，特别是教育改革。1999 年启动的第八次课程改革，进行了整体的、全新的课程标准的制订，取代了实施多年的教学大纲。十几年的改革实验，特别是新世纪的课程改革，应该说取得了重大进展，也取得了令世人瞩目的成绩。我们提出了三维目标——知识与技能、过程与方法、情感态度与价值观，体现出 21 世纪新课程改革更加关注"如何构建一个以学生发展为本的课程体系"。为了适应这样一个新的课程目标体系，推动教学方式和评价方式的改革，课程专家以及广大教师积极践行"以学生发展为本"的课程理念，尝试改变教学方式，经过十几年的努力取得了很多重要突破。总体来看，"以学生为本"的课程理念得到了全社会，特别是教育界以及家长的广泛认同。

在课程实施方面，我们从过去关注知识，转向更加关注学生能力的发展。课程评价也尝试进行了一定的改革，包括评价的方式以及评价结果的使用。但是在成绩面前，我们要清醒地认识到，课程改革的深化还面临着很多问题。一方面，尽管我们提出了"以学生发展为本"的课程理念，但是在实施过程当中，我们也看到在课堂上仍然有很多教师关注"教"多于关注"学"。特别是英语课程中，以语言知识和语言技能为核心的教学仍然占着主导地位。以终结性评价为主体的评价方式给教学带来了负面的反拨作用，很多教师仍然为应试而教，学生也为应试而学，这样的现象还没有得到根本的改变。另一方面，我们也发现，教师的教学出现了模式化的现象，并难以突破现有的教学模式。我们提出的"关注学生的发展，关注学生的情感，关注学生的学习动机，关注学生的学习兴趣，以及如何去落实情感态度与价值观目标"等理念，虽然受到了重视，教师们也进行了很多的尝试性的课堂教学改革，但是我们还没有找到落实这些理念的有效方式和方法。此外，在实践中，我们发现，针对这些目标的教学存在着突出的"贴标签"现象，教育教学不走心的问题严重。这些问题对我们进一步深化课程改革提出了新的挑战。

第二节　核心素养概念的由来

下面我们探讨核心素养概念的由来。核心素养的提出是有国际和国内背景的。众所周知，核心素养最早是由经济合作与发展组织（OECD）提出来的。之后，很多国家和国际组织也都纷纷建构本国或本地区的素养框架。因此，我们有必要了解这些国家和组织所提出的素养的定义或框架结构。在了解了基本的国际背景后，我们再来看核心素养提出的国内背景。

　　1997 年经济合作与发展组织提出了核心素养的概念，世界各国和很多国际组织也相继建立学生核心素养发展的模型，主要是希望通过这样一个模型，重新思考课程目标，深化课程改革，优化课程评价模式，同时提升教师的专业水平。那么核心素养是怎么界定的？既然是由经济合作与发展组织首先提出来的，我们来看一下，经济合作与发展组织对核心素养的界定。

　　A competence is more than just knowledge and skills. It involves the ability to meet complex demands, by drawing on and mobilizing psycho-social resources (including skills and attitudes) in a particular context.

　　从这段英文里面可以看到，核心素养这个概念在英文里用的是 competence，那么 competence 直译为中文经常用"能力"这样一个词。但是我们进一步去解读它的内涵的时候，就会发现，其实汉语当中的"能力"，是没有办法完全涵盖 competence 这个英文词的实际内涵的。competence 是超越知识和技能的，它涉及在一个具体情境中，如何运用和调动所有的认知和社会资源去解决复杂的问题。这里面不仅包括技能，也包括态度，来体现解决问题的能力，所以它应该是一种综合的能力，或者说是素养。除了经济合作与发展组织的界定以外，我们再看一下欧盟委员会（European Commission）在 2008 年对核心素养概念的阐释。

　　A competence is not limited to cognitive elements (involving the use of theory, concepts or tacit knowledge); it also encompasses functional aspects (involving technical skills) as well as interpersonal attributes (e.g. social or organizational skills) and ethical values. A competence is therefore a broader concept that may actually comprise skills (as well as attitudes, knowledge, etc.)... (Cedefop, 2008)

　　他们也用了英文中的 competence 这个词，该段进一步清晰地提出了 competence 是人的一种综合的素养（A competence is not limited to cognitive elements.）。它不仅仅局限于认知方面，如涉及 the use of theory；也包括一些技能（involving technical skills, as well as interpersonal attributes），即人际方面的一些特质，比如说 social and organizational skills，也就是社会与组织的能力。另外还有 ethical values，也就是人的道德和品格。所以我们看到 competence 是综合的概念，它既涉及认知能力，也涉及功能性的能力，同时还有人际交往以及道德品质方面的素养，所以它是综合的素养，最后进一步总结为：它是超越一般能力的概念（a broader concept that...）。通过这样的定义分析，我们可以看到，"核心素养"应该说更确切地反映了 competence 这个词的英文原义。经济合作与发展组织在提出核心素养概念之后，还提出了 21 世纪学生发展的十大核心技能。

这十大核心技能是从四个维度提出来的。第一个维度是思维方式，思维方式维度里面包括三个非常重要的技能，分别是创造性与创新批判思维，问题解决与决策能力，以及学习能力。思维方式被列为 21 世纪学生十大核心技能的首要维度，说明了其重要性和特殊性。而创造性与创新批判思维以及问题解决与决策能力，也正是中国教育中被忽略的方面，学生非常缺乏这方面的能力。

第二个维度是工作方式，包含两项核心技能，一个是沟通与交流的技能，一个是团队合作能力。沟通交流和团队合作都是我们在第八次课程改革中特别强调的，希望我们的教育能够更好地培养学生沟通和交流的能力，以及团队合作的能力。但是在我们当前的教育当中，学生这一方面的整体能力和表现仍然是比较欠缺的。

第三个维度是工作工具，也就是 function skills，属于一种功能性技能，包括信息素养和信息技术。这与当代信息技术的快速发展是密不可分的，而且社会生活的信息化、经济的全球化都依赖于信息技术的发展。信息素养将成为 21 世纪学生发展的重要方面。

第四个维度是生活方式，也包含三项核心技能。首先是作为本土的公民承担起全球公民的义务，这是不论作为一个国家或者一个全球的公民，都应该具备的基本素质。此外，还包括如何面对生活和职业的变化的素质。现代社会科技的迅猛发展，对人才培养提出了很多新的挑战，可能一些职业、一些生活方式，几年之后都会发生巨大的变化，所以学生要学会应对变化。回顾过去十几年前，也就是 21 世纪初，或 20 世纪 90 年代，整个社会的信息化都远没有今天这样普及。也就是说，再过几年或十几年，我们的生活方式以及职业都会发生更多的变化，一些职业可能会消失，更多的新职业可能会产生。面对这样一种不断的变化，而且越来越快的社会生活和职业的变化，培养学生如何去面对这样的变化就成为培养学生核心素养中非常重要的方面。生活方式中的最后一项技能即第十项技能，是个人与社会的责任。也就是学生要学会如何担负起个人与社会的责任，包括如何处理好个人与社会的关系，承担起每个公民所应该承担的社会责任。

经济合作与发展组织提出的 21 世纪学生十大核心技能，应该说包含了未来整个国际社会都将会非常关注的技能。基于经济合作与发展组织提出来的学生发展核心技能，我们需要联系中国教育的实际和未来人才培养的目标，思考中国的教育如何能够更好地适应 21 世纪所面临的挑战。

下面，我们再看一下美国学生核心素养的框架。美国在 2002 年制订了 21 世纪的素养框架，并在 2007 年进行了修订，主要提出了三大技能领域的若干素养要求。这三大领域包括：1. 学习与创新技能。在这个领域中，美国首先提出的也是批判性思维和问题解决能力、创造性和创新能力、交流和合作的能力，可见这些技能的重要性；2. 信息媒体与技术技能。这也是经济合作与发展组织提出的工作方式，包括信息素养、媒体素养、信息交流，以及科技的素养；3. 生活与职业技能。即如何培养未来学生的灵活性和适应性。面对未来变化的世界，合格的人才需要具有灵活性和适应性，有主动性和自我指导的能力，同时还有社会和跨文化的技能。因为在全球化的背景下，每一个人都需要去适应不同的社会，这就要去培养学生适应跨文化所需要的技能，以及工作的效率和胜任工作的能力，领导力和责任担当。这些就是美国学生核心素养框架的主要内容。那么，美国也正是基于学习与创新技能、信息媒体与技术技能以及生活与职业技能这三大技能领域，配套课程标准、课程评价指南、课程与教学指导和教师专业发展的目标，进行如何建构学习环境的研究与开发。从图 2 我们可以看到，美国学生核心素养的框架，刚好是由刚才我们讲到的三个领域构成，中间的领域就是学习与创新技能，英文是 Learning and Innovation Skills。因为其主要内容包括四个以 C 开头的要素，也称为 4 Cs，即 Critical Thinking（批判性思维），Communication（交际），Collaboration（合作），Creativity（创新），由此就构成了美国学生核心素养的核心方面。另外两个方面就是生活与职业技能以及信息媒体与技术技能。

21st Century Student Outcomes and Support Systems

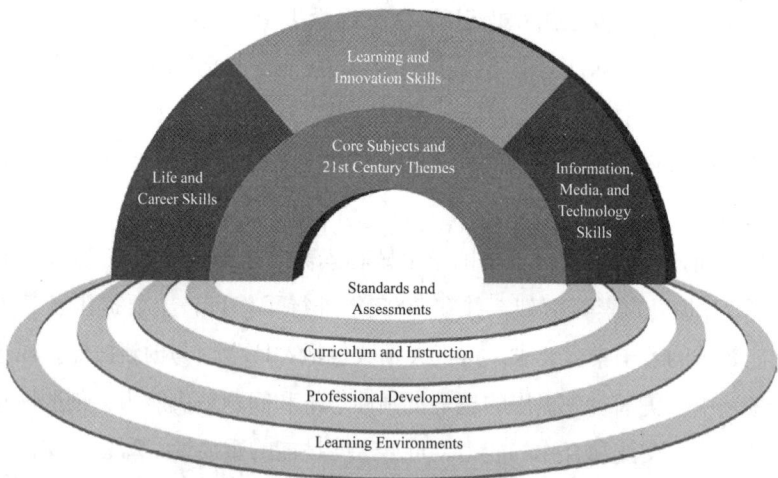

图 2　21 世纪学生的学习结果与支持系统

下面我们再看一下澳大利亚学生的核心素养。澳大利亚在 2008 年发布了《墨尔本宣言》，从长远规划出发，提出了促进教育公平和卓越，培养青少年成为成功的学习者、自信且有创造力的个体和主动明智的公民的目标。这一个总目标特别强调的是教育的公平与卓越，不是单一地强调公平，在公平的基础之上还要追求教育的卓越，这一点非常值得我们思考。澳大利亚要求本国教育所培养的青少年都能成为成功的学习者，而且能够有自信和富有创造力。这成为澳大利亚教育的总目标。基于这样的总目标，他们还提出了公民必须具有的七项通用能力：读写能力、计算能力、信息与通用技术，这三项是基本的文化和技术方面的要求；还有批判性和创新思维、道德行为、个人和社会能力，以及跨文化理解能力，这样就构成了七项基本素养。其中，我们可以看到，批判性与创新思维是这七项素养中非常重要的内容。

很多国家和地区，像新加坡、日本以及中国的台湾地区等等，也都在建构本国或者本地区的学生发展的核心素养框架。从全球范围来看，核心素养要素的选取，都反映了整个国际社会经济和科技发展的最新要求，如：创新思维、创造力和解决问题的能力。未来的社会发展会面临很多未知的情况，如何综合运用各方面的能力与技巧，以及沟通与跨文化交际能力来解决问题，将是每一个国家或地区在培养人才方面面临的新的任务和目标。此外，还有信息素养、国际视野、团队合作、社会参与和社会责任，以及自我规划等，虽然各个国家或地区提出的核心素养的框架在要素的表述上，或者说概念上使用的术语并不一定完全相同，但是实际指向的素养都是共通的，都是为了适应 21 世纪对人才培养的需要以及应对未来的挑战。

从 1997 年提出核心素养概念到今天，已经过了将近 20 年的时间。在 2014 年印发的《教育部关于全面深化课程改革　落实立德树人根本任务的意见》（教育部，2014）文件中，首次提出构建"核心素养体系"的概念。经过两年的攻关研究和广泛征求意见，"中国学生发展核心素养"框架于 2016 年 9 月 13 日正式颁布。

"中国学生发展核心素养"是如何界定的？"中国学生发展核心素养"框架文件指出，学生发展核心素养指学生能够适应终身发展和社会发展所需要的**必备品格**和**关键能力**。这里面我们看到两个地方是被突出显示的，一个是必备品格，一个是关键能力。那么也就是说，competence 这个词，直译成中文来说应该是"能力"，但是我们理解了其内涵后发现，competence 既包括能力，也包括必备品格，所以我们提出核心素养概念。文件进一步对核心素养进行了解读，核心素养是关于学生知识、技能、情感态度、价值观等多方面要求的综合表现。从这一句话中，我们可以看到核心素养目标的提出和第八次课程改革所提出的"知识与技能、过程与方法、情感态度与价值观"这样的三维目标是一致的，是更加全面的提升和整合。它是每一名学生获得成功生活，适应个人终身发展和社会发展不可或缺的共同素养。素养的发展过程应该是一个持续的、终身的过程，可教、可学，而不应该是抽象的概念。学生最初在家庭和学校中接受培养，随后需要在一生中不断地对其进行完善。在此，我想引用华东师范大学崔允漷教授对核心素养的解释。他说："核心素养是个体在知识经济、信息化时代，面对复杂的、不确定的现实生活情境时，运用所学的知识、观点、思想、方法，解决真实问题所表现出来的关键能力和必备品格。"可以看出，这样的界定和经济合作与发展组织对于 competence 的界定是非常接近的。也就是说，competence 是学生要在具体的情境中，面对复杂的问题，运用和调动什么样的知识、观点和思想方法来解决问题的能力。所以，关键能力和必备品格是构成核心素养的两个重要组成部分。教育部公布的"中国学生发展核心素养"框架确定为三个方面、六大素养，包括十八个基本点。

这三大方面，由文化基础、自主发展和社会参与三部分构成。每一个方面都包含两个素养要素。文化基础中包含人文底蕴和科学精神，自主发展中包含学会学习和健康生活，社会参与中包含责任担当和实践创新。为什么要从这三个方面提出"中国学生发展核心素养"呢？"中国学生发展核心素养"的框架是很多专家在进行了非常广泛深入的文献梳理和调研的基础上构建完成的。

首先，我们看一下文化基础。文化是人存在的根和魂，文化基础重在强调习得人文与科学等各领域的知识和技能，掌握和运用人类优秀智慧成果、涵养内在精神，追求真、善、美的统一，使我们发展成为有宽厚文化基础、有更高精神追求的人。从学生的角度来看，文化基础是教育的立命之本，也就是说教育应该是以文化内容为基础的，它不是空洞的教育。教育即是对文化知识的获取、理解、分析、比较、评价，并在此基础上汲取文化精华，发展和传播文化内涵，通过吸收优秀的中外文化的智慧和成果，涵养内在的精神，形成修养，追求真、善、美的统一。

自主发展作为三大支点之二是源于自主性。自主性是人作为主体的根本属性，自主发展重在强调学生要能够有效地管理自己的学习和生活，认识和发展自我价值，发掘自身潜力，有效应对复杂多变的环境，成就出彩人生，发展成为有明确人生方向、有生活品质的人。自主性作为主体的根本属性，是教育所应该追求的非常重要的目标。如果我们的教育仍然停留在教师讲、学生听这种接受性学习为主的教学方式上，就无法促进学生自主地学习、自主地发展、健康地生活。所以，自主发展成为构建"中国学生发展核心素养"的第二个方面。

第三个支点是社会参与。人都不是生活在真空中的，每一个人的发展离不开自身所处的社会环境，社会性是人的本质属性。社会参与主要强调学生要能够学会处理好自我与社会的关系，养成现代公民所必须遵守的道德准则和行为规范，增强社会责任意识，提升创新精神和实践能力，促进个人价值的实现，推动社会发展和进步，发展成为有理想、有信念、敢于担当的人。也就是说，处理好个人与社会的关系，承担公民的责任，承担社会的责任，同时能够成为一个有理想的、推动社会发展的人。我们在培养人才上，如果只突出个人价值的实现，而忽略个人推动社会的发展和进步，就不能给这个社会带来优质的人才。或者说我们所需要的人才应该是不仅仅能够实现个人价值，同时要积极地推动社会的发展。如果不能推动社会的发展，那有可能就会运用自己的知识，去做反社会的事。所以说做人即立德树人是教育的根本任务。

"中国学生发展核心素养"提出之后，各个学科的核心素养应该怎样构成？教育部在 2014 年启动了高中课程标准修订，经过两年多的努力，各个学科都已经构建完成了本学科的核心素养框架。

第三节　英语学科核心素养是怎样构成的？

首先，我们探讨英语学科课程改革目前出现了哪些新的动向，或者说，新的重要变化。之后，我们主要探讨英语学科核心素养要素的构成及内涵，以及每个要素具有什么样的意义等。我们希望核心素养能够做到可教、可学，而不是一个抽象的概念，所以我们要去描述核心素养的外在特征；对英语学科来说，就是关注学生在英语学习中表现出来的学科核心素养。最后我们看一下英语学科核心素养的构成，以及各个素养之间的关系。

首先是英语学科课程改革的动向。新世纪英语学科课程改革，启动于 2001 年的义务教育课程改革和 2004 年的高中课程改革。经过十几年的努力，目前课程改革进入了深化阶段。深化阶段的课程改革有三个方面的动向，第一个方面就是回归到学科本质，也就是关注学科的育人价值。在这方面，过去我们更重视的是学科本身的规律或者学科的知识，而每个学科其实都面临着一个如何培养人的问题，也就是上文提到的，不仅仅让学生实现个人的价值，同时还要让学生在个人发展的过程中，能促进社会的进步。第二个动向就是关注学生的思维发展，从经济合作与发展组织以及其他几个国家的素养框架中我们看到，其核心技能中都把学生的创造性与创新思维以及解决问题的能力放在了非常重要的位置，而且几乎都在首要的位置。我们国家的英语教育在课程改革的这十几年中，应该说对学生思维发展的关注是不够的。这将是下一个阶段深化学科课程改革非常重要的一个动向，即如何把语言教育与学生的思维发展有机地结合起来。第三个动向就是关注学科的核心素养。现在，我国已经提出了中国学生发展的核心素养框架，由三个方面、六大素养构成，这是涵盖所有学科的，而如何能够使这个素养框架落实在每个学科的教育教学过程中是我们面临的新任务。学校教育主要是通过每个学科的课程学习来实施的，所以构建每个学科的核心素养是我们这次深化课程改革所面临的第三个动向。下面我们就来看一下英语学科核心素养是怎样构成的。

我们首先回顾一下过去十几年课程改革的方向。第八次课程改革提出了将综合语言运用能力作为英语学科的课程目标，体现在三维目标上，即知识与技能，过程与方法，情感态度与价值观。它由五个要素构成：语言技能、语言知识、情感态度、文化意识和学习策略。经过十几年的尝试、努力、实践和推动，教育教学取得了重大进步。在过去的十几年里，我们从关注知识，转向关注人、关注学生的发展。在课程改革的深化期，我们提出了核心素养概念，这将取代过去的综合语言运用能力目标。我们需要进一步探讨的问题是，如何能够在原来综合语言运用能力的基础之上，进行整合和提升，构建好英语学科的核心素养。

前面我们提到了核心素养有两部分构成，一个是关键能力，另一个是必备品格。那么英语学科核心素养的这两个部分应该包括哪些关键能力和必备品格？即英语学科的关键能力是什么？哪些应该是英语学科所必备的品格？我们又如何对原课程目标的五个方面进行整合和提炼？

首先，我们来看语言技能和语言知识。它们各自都无法成为关键能力，因为它们仅停留在技能和知识的层面。当我们把技能和知识整合起来就可以构成语言能力了。而语言能力应该是英语学科的关键能力，成为英语学科核心素养中最基础的必备组成部分。那么，除语言能力之外，英语学科核心素养还应该具备什么样的关键能力？我们再看一下除语言知识和语言技能以外的其他三个要素，它们是情感态度、文化意识和学习策略。学习策略停留在策略层面也不能成为能力要素，只有学习者对学习策略有效运用和有效调控，才能提高学习效率和效果，也才能被称为是一种能力，也就是学习能力。那么，学习能力即成为第二个关键能力。可以看出，学习能力是在原课标中学习策略的基础上进行整合和提升而来的。前面在讨论国际社会所提出的学生发展核心素养的时候，特别提到了不同国家和国际组织都把创造性和创新思维、解决问

17

题的能力等放在首要位置，特别关注思维的发展。然而在综合语言运用能力目标中，我们看到构成的五个要素中并没有思维，所以在英语学科核心素养的要素构成里，我们需要把思维能力纳入其中。因此，思维品质成为英语学科核心素养的第三个关键能力，同时思维品质也是学生必备的品格，关键能力和必备品格兼而有之，这是一个非常重要的核心素养要素。最后，我们来看一下四个核心素养要素的最后一个素养。目前看，原来课程目标的五个要素中还有情感态度和文化意识没有进入到新的英语学科核心素养中。那么，还有一个要素如何选择和命名？是文化意识，还是情感态度？

情感态度目标是第八次课程改革提出的一个新目标。自提出之后，在课程改革中，很多老师都开始关注情感态度与价值观目标，特别是在教学设计当中，很多老师都会把情感态度与价值观目标作为自己教学设计当中非常重要的目标之一。但是在实践中我们发现，情感态度与价值观目标并没有落实得很好。那么，为什么情感态度与价值观作为我们的育人目标，没有能够得到很好的落实？问题出在哪里？

不难发现，情感态度与价值观在教学中的落实普遍存在贴标签的问题、喊口号、讲道理等现象。对学生的情感态度与价值观教育以说教为主，很少生成，关键是因为教学未能基于所学习的内容或知识，未能引导学生去思考和生成自己的认识，并升华为情感和正确的价值选择。从学科育人的角度看，外语学习能够使学生接触到包含中外优秀文化在内的各种人文知识和科学知识。学生通过学习语言和优秀的文化知识，将其内涵和精华转化为个人的修养和良好的品格是实现学科育人目标的重要基础和途径。也就是说，对学生进行情感态度和价值观教育必须依托学科特定的内容和学科特定的活动。我们前面看到，"中国学生发展核心素养"最重要的基础是文化基础，这正是课程育人的重要基础。由此可见，文化学习应该成为英语学科育人的重要内容。鉴于此，情感态度与价值观的培养必须依托于学科内容，不能脱离学科内容。如果我们仅仅把情感态度与价值观作为一个标签摆在那里，就很难在课程中加以落实。学生在课程学习中，通过学习中外优秀人文和科学知识，在参与对信息的获取和处理的过程中，理解其内涵，比较其异同，判断其价值，汲取其精华，从而做到内化于心，外化于行，由此提升文化修养，构建积极的情感态度，选择正确的价值观。因此，第四个素养要素的名称虽然沿用了文化意识的名称，但是其内涵已经远远超越了我们原来对文化意识的窄化理解。只有基于所学内容的育人，才能引导学生形成良好的道德品格和人文修养。

　　课程目标从综合语言运用能力到英语学科核心素养，这之间发生了什么变化？从图3和图4里我们可以看出，第八次课程改革提出的综合语言运用能力，也就是英语学科的总目标，由五个要素构成，但是这五个要素之间是用虚线隔开的，它们之间并没有非常紧密的相互关联。尽管我们说，它们之间相互促进、相互关联，但是如何关联、如何促进，并没有一个非常清晰的界定标准。从图3里面看，我们也很难阐释它们之间的关系。

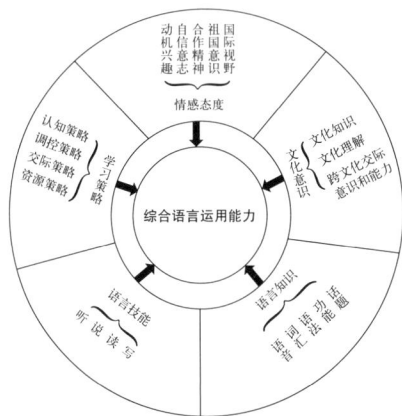

图 3　课程目标结构

　　现在，我们再看英语学科核心素养的结构图（图4），这四个素养是交织在一起的，紧密地环绕在一起，密不可分。中心这个位置是语言能力。语言能力是英语学科的基础，既是学科的目标，又是实现学科教育的途径。我们通过语言养成学生的文化意识，通过语言促进学生思维品质的发展，也通过语言帮助学生形成良好的学习能力。可见，语言是学科育人的重要途径。

图 4　英语学科核心素养图

　　语言能力的发展，既包含了语言知识的学习和语言技能的发展，也必然涉及文化知识的学习。因为语篇承载语言知识和文化知识，我们对于语言知识和文化知识的学习，是需要通过基于语言学习的活动，挖掘中外优秀文化的内涵，比较其异同，发现和汲取文化精华。这个汲取过程就包括讨论、评价、分析、判断等活动，这都是思维的过程，体现了一个人的思维品质。由于有了鉴别和批判，所以我们能够汲取精华，从而来塑造和涵养内在精神，形成良好的文化意识。那么学习能力，也正是在语言技能的训练以及语言技能的使用过程中发展而来的。由此可见，这四个要素是密不可分的，是相辅相成、互相促进的。也就是说，在每一门课程中，在每一个课时里，都应该通过语言的学习来促进学生思维的发展，也是通过语言的学习和文化知识的理解、分析、比较、批判和评价，帮助学生形成良好的文化意识，同时在这个过程中提高他们的学习能力。

　　下面，我们讨论英语学科核心素养的内涵，即这四个素养的界定。首先是语言能力。语言能力是指在社会情境中，以听、说、读、看、写等方式理解和表达意义、意图及情感态度的能力。从这里我们可以看到有几个关键词：首先，语言的使用一定是在社会情境中发生的，它不可能脱离情境。语言在社会情境中的主要使用途径其实就是通过听、说、读、写四种方式，因此，这几项语言技能也是关键。在这里面大家可能发现增加了一个"看"的技能，"看"在英文里是 viewing。这也是首次在英语课程标准中提出了听、说、读、看、写这五种技能。

为什么要增加"看"的技能？当今社会中意义与信息的传递已经呈现出一种多模态趋势，很多信息可以来源于"看"。信息可以通过一个图表，可以通过一幅漫画，也可以通过视频或歌词等传递，也就是不一定是全篇的文字形式。所以"看"已经成为当今社会人们交流非常重要的技能，因此，有必要补充到语言技能当中。那么，我们在社会情境中，通过听、说、读、看、写的方式，希望达到什么目的？是要达到理解和表达意义、意图、情感态度，传递自己的情感态度和价值观念的目的。所以语言能力并不是仅仅要学习知识，或者发展某一方面的技能，其落脚点是为了理解和表达意义、意图，还有传递情感态度和价值观。这就是我们对语言能力的理解。

根据我们对以上语言能力素养要素的理解，语言能力的培养与评价都应该离不开听、说、读、看、写这些途径，离不开理解和表达意义、意图、情感态度与价值观这样的目的。孤立地脱离语境而学习词汇或语法，不是在培养真正的语言能力素养；学习词汇和语法知识是发展语言能力素养的途径，而不是最终的目的。

英语学科核心素养中的第二个要素是文化意识。长期以来，人们对文化意识内涵的理解普遍局限于对中外文化异同的分析。提到文化意识，人们更多地想到不同国家的文化、习俗，以及待人接物等方面的差异。我们往往忽略了文化知识中内涵中的价值取向问题，以及如何基于文化知识、文化比较和批判性思维，帮助学生汲取文化精华，涵养内在精神，形成正确的价值观，构建文化意识。也就是说，文化意识应该指向更广泛和更深层次的内容。在本次课程标准修订中提出的文化意识素养要素主要指中外优秀文化，既包括人文知识，也包括科学知识。文化意识是学生在全球化背景下对中外文化的理解和对优秀文化的认同，也是学生在全球化背景下所表现出的跨文化认识、态度和行为取向。非常重要的是，对于外语或者对于英语学科而言，培养学生文化意识的切入点是中外优秀文化，强调对优秀文化的理解和认同，强调在全球化背景下培养能够进行跨文化理解和跨文化沟通的人。学生所表现出的文化意识，即基于文化知识建构的文化意识，是通过对文化知识的学习，对文化知识内涵的理解，对文化异同之间的比较而形成的。学生在汲取文化精华的基础上，形成新的跨文化认识、积极的人生态度和良好的人文修养。这种修养将指导他们获得正确的行为取向。也就是说，文化意识的形成是一个从感知到意识，从意识到修养，从修养到行为的内化、提升和养成的过程。

过去教育当中比较欠缺的是说教的多，学生获得的少，或者说帮助学生内化的少。学生所学习的知识始终停留在外部知识层面，并未内化为自己的知识、态度和修养，也就无法影响学生的行为，导致知行不合一。对于很多道理，学生也是知道的，但是知道并不等于学生形成了个人的认识和修养，也很难影响他们的行为取向。这就是我们所说的在目前教育中情感态度与价值观"贴标签"的问题。我们希望通过重新界定文化意识素养，让语言教育能够基于学科的内容，加深对文化内涵的挖掘、比较、批判、评价、鉴别，从而汲取精华。在这个基础之上，使语言教育和学习能够内化于心、外化于形，使知行统一起来。

第三个素养要素是思维品质。首先是对思维品质的简单定义，它指人的思维的个性特征。在英语学科核心素养中，培养学生的思维品质强调三个方面，即思维的逻辑性、批判性和创新性。在过去的语言学科教育当中，我们欠缺对思维品质的关注。我们首先要培养学生的逻辑思维，然后在逻辑思维的基础上，能够让学生有理有据地进行意义和意图方面的表达。所谓的批判性，并不是去一味地批评，或者说是直接提出反面的意见。所谓的批判就是强调理性思考，包括我们所说的reasoning，要善于提出疑问，而不应不假思索地按照自己的主观判断接受所有的信息。具有批判性思维的人善于提出问题，善于通过搜集证据来证明自己的观点和判断，或者评价他人的观点是否合理、可信。学生只有具备了逻辑和批判性思维的能力，才能真正在语言运用和解决问题的过程中实现创新，这三种思维特征的强弱就反映了一个人思维品质的高低。

第四个素养要素是学习能力。学习能力主要是指学生积极运用和主动调适英语学习策略，拓宽英语学习渠道，提升英语学习效率的意识和能力。那么学习能力的提升关键在积极运用和主动调适两个方面。过去在我们的教育中,学生可能也会运用一些策略,但是往往不能很好地进行调适。调适即指根据自身的特点以及学习的需要,调整和安排自己的学习任务、学习目标、学习方法以及学习时间等。运用学习策略,拓宽英语学习的渠道,主要目的是提升学习的效率,所以学习能力是构成英语学科核心素养的第四个要素。

为什么要选取这四个核心素养的要素?它们的价值分别是什么?

首先,英语语言能力构成英语学科核心素养的基础,是学生发展文化意识、思维品质和学习能力的依托。英语教育就是在英语语言的学习和运用中,来发展学生的文化意识、思维品质和学习能力。同时,英语语言能力的提高反过来可以更好地帮助学生扩展文化视野,丰富思维方式。因为通过学习英语,学生可以从汉语的思维方式中走出来,去接触、体会和发现不同的思维方式。通过接触更多的文化知识,理解它们的文化内涵,以及文化背后的社会背景。这样可以帮助学生在全球化背景下,逐步拓宽文化视野,发展跨文化交流的能力。所以,语言能力作为英语学科核心素养的基础具有独特的价值。

文化意识的价值体现了英语学科核心素养的价值取向。文化意识的形成有助于学生树立世界的眼光、增强国家的认同感和家国情怀。特别是学生可以学会如何具有一定的社会担当,作为个人和公民去承担责任,学会做人、做事,成长为有文化修养和社会责任感的人。

思维品质主要体现了学生的心智发展特征以及心智发展的水平,其发展有助于提升学生分析问题、解决问题的能力。过去十几年实施的国家第八次课程改革中,英语课程标准就提出了要培养学生分析问题和解决问题的能力,但是如何分析问题和解决问题,没有一个落脚点。这次高中课标修订提出了思维品质目标。我们需要思考:思维品质如何能够融入英语学科?我们如何能够基于英语学科内容和学科活动,培养学生分析问题、解决问题的能力,帮助学生从跨文化的视角观察和认识世界?只有通过语言、思维与文化相结合的活动才能使学生对事物作出正确的价值判断,促进学生开展深度学习。没有思维参与的课程,应该说都是表层的或是表面的学习，这种表面的学习也正是我们现在课程改革进一步深化所要面临和解决的问题。教学上的模式化和形式化以及浅层次学习等，都是课程改革中比较突出的问题。

第四是学习能力要素的价值。学习能力是学科核心素养发展的必要条件。形成自我管理的良好的学习习惯是学生终身发展的重要条件，同时也是学生学会拓宽学习渠道和提升学习效率的保障。以上就是我们为什么要选取这四个要素作为英语学科核心素养要素的意义和价值所在。

英语学科核心素养应该是可教、可学的，而不应该是抽象的概念。由此，我们对英语学科核心素养每一个要素都进行了学生表现的描述，下面就以关键词的方式呈现出来。

从语言能力的表现看，学生要有一定的语感，要具有一定的语言意识，并能够在特定的语境中，综合地运用所学的语言知识以及文化知识，同时还能够运用听、说、读、看、写等交流途径来理解意义、意图、情感和态度。在语言学习中，学生还应该能够赏析语篇和语言的表意手段，包括语篇的结构、词汇的选取，以及特别的表达方式是如何被用来传递意义的，这是对语言本身的一种欣赏；同时还要能够用语言表达自己的观点和态度，分析问题、解决问题。这就是语言能力的具体表现。

从文化意识的表现看，学生要能够获取文化知识，理解文化内涵，在理解文化内涵的基础上，对中外不同的文化进行比较和鉴别，从而能够汲取文化精华，形成正确的、积极的价值观；形成良好的个性品格，并且还能够借助语言，传播中华优秀的文化，形成跨文化沟通能力。

从思维品质的表现看，学生要能够运用语言，辨析现象、分类概括。具体而言，就是对于一些语言现象包括文化知识，从认知角度进行分类和概括，通过分类、概括和归纳形成或者建构新的概念或新的认知，同时还能够基于语篇所承载的知识进行有效的分析、推断以及正确的评价，进行富有创意的表达，要能够独立思考，体现出创新思维和多元思维。这些都应该是我们在教学过程中开展的有效的思维活动。

　　从学习能力的表现看，一个具有学习能力素养的学生，应该对英语学科保持着兴趣，具有明确的目标，知道从哪里获得资源，能够规划好自己的学习，包括学习任务和学习时间，并且有效地调适学习策略，选择最适合自己的策略和方法，同时还能利用多种方式，拓宽学习渠道（特别是在信息技术的发展给我们提供了很多新的途径和平台的当代社会）。在学习过程当中，学生还能够监控和反思自己的学习，经常回顾并分析自己在哪些方面取得了成绩，哪些方面可能还存在问题，并分析背后的原因，进行必要的调整和自我评价，参与同伴评价。在评价的基础之上，对自己的学习进行调整，更好地提高学习效率。

　　综上，我们可以看到，英语学科核心素养应该是可教、可学的，也就是说教师在教学活动中，依托于学科内容，依托于学习活动，能够教会学生发展这些核心素养，使得他们能够具有这方面的表现。同时对学生来说，他们也是应该能够学会和发展这些素养的。

　　下面，我们总结一下，英语学科核心素养这四个素养要素之间的关系。语言能力是学科基础，文化意识是价值取向，思维品质是心智特征，学习能力是发展条件。这样也就更清晰地呈现了这四个素养的关系，它们之间是一个有机的整体，具有密不可分的关系。

第四节　本次修订还包括哪些内容？

　　本章的最后部分关注本次修订还包括哪些内容。这一章是对新修订的课标进行解读的第二章，在后续的章节中，不同的专家还会就不同的专题对各方面修订的内容进行深度解读。比如，课标组在这次修订中，除了提出了核心素养目标以外，还重新修订了课程的理念和课程的性质。针对课程性质的修订，强调了课程仍然具有工具性和人文性双重性质，同时也提出课程具有实践性和综合性的特点。此次修订还依据教育部高中课程实施方案，调整了高中英语课程的结构，包括课程的设置等。

第二大方面的主要变化是提出了由六个要素构成的英语课程的内容和内容标准。过去我们提出的是综合语言运用能力的目标，是由五个要素构成的英语课程内容。然而，这五个要素之间的关联不够紧密，特别是缺乏切实可行的教学途径，导致教学碎片化现象的出现。那么我们在提出了核心素养之后，如何能够改变过去的碎片化的教学，使得英语课程形成一个整合、关联和发展性的课程，这取决于我们对于课程内容的重新选取。

为此，新修订的课程标准提出了六要素构成的课程内容标准，包括增加了主题语境作为课程内容，还增加了语篇类型等内容，这是以前课程内容里没有提出过的。此外，在语言知识内容中补充了语篇知识和语用知识，替换了原来的话题和功能，后面会有专家就这些方面的内容进行解读。

本次修订的第三个重大变化是提出了整合关联的英语学习活动观。在课程目标确定之后，最关键的就是课程内容和教学方式的配套，这是决定学科核心素养能否落实在课堂教学中的关键，也就是要能够通过教师转变教学方式来落实学生核心素养的发展。所以，修订后的标准提出了课程内容方面的调整，或者说进行了内容方面的重组；此外，还针对教学方式提出了明确的英语学习活动观，后续会有专门针对英语学习活动观方面的解读。

第四个重大变化是在《普通高中英语课程标准（2017年版）》中，增加了英语学科的学业质量标准。有了英语学业质量标准，教学质量的评价就有了指导。这也将有专题进一步解读。

第五个方面的重要变化是根据所修订的课程目标和课程内容，重新修订了教学建议和评价建议，并且附了教学和评价的案例。教学案例中既有片断性的案例，也有完整的案例，评价建议中也附有一些片断性的评价的案例。这将为老师们落实课程标准，把这些理念落实在课堂当中，提供非常好的支持。

最后，还有一个很重要的变化就是在实施建议中，首次提出了对高考命题的建议。以前我们在评价中没有涉及关于高考方面的内容和要求。这次修订为了使核心素养能够真正落在实处，必须要引导考试和命题服务于学生核心素养的培养和发展，所以对高考命题也提出了具体的建议，希望这些建议能够切实指导未来高考的改革。其实，考试和教学不应该是矛盾的，应该是相互促进的，特别是考试应该积极地推动和促进核心素养的落实，从这个角度提出对高考命题的建议，也是为了更好地、真正解决核心素养落地的问题。

我们非常期待在课程标准修订之后，英语学科核心素养的目标和英语学习活动观能为英语学科落实立德树人的根本任务指明方向，提供途径。希望英语学科核心素养的提出对学生的全方面培养能够起到一个很好的推动作用，也使得我们国家的人才培养和教育改革能够走向一个新的阶段。

第三章 如何落实课程目标与课程设计？

这一章我们主要讨论如何落实课程目标与课程设计，主要想从三个方面来讲：一、怎么认识课程的性质以及基本理念；二、学科核心素养的水平如何划分；三、课程设计的依据以及课程的结构。

第一节 课程的性质与基本理念

一、语言观与语言教学观

我们首先从语言观角度来看英语课程的性质以及基本理念。语言学有各种流派和分类，比如说社会语言学、心理语言学、普通语言学等等。不同流派、不同的分类对语言认识的角度是不一样的。

普通语言学认为语言是一套符号系统。我们学习语言主要是掌握如何来编码与解码，所以在教学中我们可能会关注语音、词汇、语法与语义。掌握一门外语，就是掌握这些知识，知道音标怎么发音，词汇怎么拼写，句子怎么构成。由此产生的教学方式特别重视语言知识的传授和记忆。大家比较熟悉的语法翻译法就是以词为单位进行分解、讲解、理解，然后通过翻译理解句子的意思，并在此基础上背记单词、句型、语法等等。教师与学生非常关注学习语言的规律，主要是指语言规律，而不是学习规律。我们学习这些规律就是记住这些规律，然后通过大量的练习，最终掌握语言知识。

从心理语言学角度来看，语言是一种心理过程。心理语言学依据条件反射的心理反应特征，认为语言学习过程就是大量的刺激反应过程。比如，通过大量的机械操练，学生一听到 Thank you，就会自动地回答

You are welcome。这个刺激反应的过程纯粹是机械的，直到最后变成自动化的过程。20世纪80、90年代，人民教育出版社编的教材中，每个单元开始就是句型操练、替换练习，帮助学生熟悉并掌握句型结构，然后通过大量的重复练习，引导学生发现并掌握语言规律。

社会语言学认为语言是一种社会现象，一种社会规约，也就是说语言离不开社会，学习语言就是掌握并运用语言进行社会交际活动，所以学习语言更多地关注语言的功能而不是句型、规则与结构。20世纪90年代中后期，人民教育出版社与朗文公司合作编写了一套教材，以交际法为理论支撑，提出了功能与意念的概念。在社会语言学理论指导下，语言教学强调在真实的语境中去运用语言进行交际。掌握语言就是通过大量的交际活动来"学得"或者说"习得"语言。语言教学首先要明确交际的目标，然后建立交际过程中的信息沟，再进行信息互换。

语言是一套符号系统，语言是一个心理过程，语言也是一种社会现象。在教学活动中，要注意语言符号系统，也要遵循语言学习的心理过程，更要重视语言的社会功能。教师既要考虑语言的基础知识、基本技能，也要遵循语言学习的心理过程，更要明确英语学习应与社会生活相结合。例如，我们要练习一段对话：

问：What's your name?

答：My name is…

这是一个简单的机械操练，学生练的是词语替换，他们不需要理解语言的意思，只需要关注语言结构，通过操练掌握句型。接着教师组织下面的操练活动：

问：What's your name?

答：My name is Li Fang.（学生自己真实的名字）

在这个操练过程中，学生没有机械地回答，而是按照自己的实际情况进行回答。假如他叫夏谷鸣，他就会说My name is Xia Guming。用了"夏谷鸣"指称某一个真实的人，表达真实的意思，语言操练就有意义了，不再是简单的机械操练。在这个基础上，再组织一个活动，让学生去了解同学的爸爸、妈妈、爷爷、奶奶、外公、外婆等人的名字。如：

问：What's your father's name?

答：His name is…

这个操练与前面两个练习的不同点在于信息差。同学之间的名字他们都知道，但大多不知道对方父亲等人的名字。信息差是社会交际的一个重要特征，体现了真实的生活场景。

上述的例子虽然是很简单的语言操练，但体现了语言教学者应有的语言观：既要把语言当作一套符号系统，又要把它理解为一个心理过程，还要把它看作一种社会现象。千万不要以为我们现在强调话题与交际功能的时候，英语的词汇、语法学习就不重要了，相反这方面还是重要的，是英语学科的基本属性，问题是怎么去学习这些知识，持有什么样的语言教学观。

语言的最基本属性是一套符号系统，但是我们不能像以前那样，要求学生死记硬背，不断地进行听写与默写，以为那样就掌握语言了。甚至建议学生去背词典，记大量的单词，再去记一些语法规则。这种做法是不对的。我们要把语言看作是一种心理过程，去研究掌握语言的规律，按照规律去学习。同时，语言也不能脱离社会，否则学了语言，在社会中未必就会使用。语言的主要功能就是交际沟通、交换信息，或者说人们用语言来处理各种各样的矛盾和问题。假如语言学习脱离了社会语境，语言就变成了冷冰冰的符号，就像前面提到过的机械操练句型的方法。如果以此操练 Thank you 的应答 You are welcome，学生最终可能听到 Thank you，就会自动地应答 You're welcome，但在生活中就会出差错。因为对 Thank you 的回答并不一定都用 You are welcome。比如两个人碰面，一个说 How are you？另一个回答 Fine, thank you。这时就不能再说 You are welcome 了。又如，对 I'm sorry 的应答 That's OK，那么在生活中，当学生听到 I'm sorry to hear that you didn't pass the test，就会出差错，因为这时 That's OK 显然不对。

所以说在生活中，语言并不是那么机械的。作为一位语言教学者，我们应该从三个方面来看待语言：既要解决语言的规则问题，又要解决语言是如何掌握的问题，还要解决语言使用的问题。

二、英语学科的课程性质

英语学科具有时代性、基础性、工具性和人文性等课程性质。

1. 时代性

曾经有一段时间英语教师开始担心自己的职业稳定性，因为很多人质疑学习英语的用途，要求英语学科退出高考，似乎英语在基础教育阶段应该弱化，但这是不可能的。英语是基础教育阶段中不可缺少的一门学科。从小学三年级开始到高中三年级，整整十年的英语学习是由社会发展对人才结构的要求决定的。

掌握一种语言就掌握了进入社会的一把钥匙，不同的社会形态需要不同的钥匙。在闭关自守的农耕时代，人们守着土地，活动半径不过方圆几十公里，所以一口方言就能满足日常生活与劳作的需要。随着社会的进步、国家的统一和技术的发展，人们交往范围不断扩大，方言、各诸侯国的文字成了信息传播与人际交往的障碍。从秦始皇统一文字到中华人民共和国成立后确定普通话为通用语，都是为了消除语言障碍，促进信息传播与人际交往。同样，随着全球化与科技的飞速发展，跨国、跨区域的社会交往、经济合作、文化交流等活动越来越普遍，一个国家的母语已经难以满足社会发展的需要，有时甚至阻碍了发展。尤其是在国际交往中，需要一种被广泛使用的国际通用语，毋庸置疑，英语是最具有优势的国际通用语。基于这样的背景，我国在基础教育阶段提出十年的英语学习，其中高中三年的学习是七年义务教育的延续，帮助学生进一步掌握这一门国际通用语，这是社会发展的需要。

当社会发展到一定程度，条件成熟了，英语学科可能会从小学一年级开设，甚至还会有开设两种或多种外语课程的需求。事实上现在已经有一些条件成熟的小学从一年级就开设了英语，提前为今后发展的需要作准备。教育部在《普通高中课程方案（修订稿）》中也已经对有条件的学校提出开设第二外语的要求。

2. 基础性

《普通高中英语课程标准（2017年版）》指出高中英语课程"是一门以'立德树人'为教育目的、与九年义务教育阶段课程相衔接、培养高中生英语学科核心素养的基础文化课程，旨在为学生的大学英语学习和终身学习打下良好的基础"，"普通高中英语课程帮助学生在接受义务教育的基础上，进一步学习和综合运用英语基础知识和基本技能"，这个定位符合基础教育课程性质。尽管普通高中教育已经不属于义务教育，但仍然处于基础教育阶段。随着我国社会的进步和经济的发展，高中教育的普及率不断提高，毛入学率已经超过了86%。面对学科教学的大众化趋势，学科的基础性显得尤其重要。在应试教育的背景下，激烈的竞争已经严重地偏离了学科的基础性，学科内容的深度、难度日益加大，脱离了学科教学大众化的实际需求，脱离了大多数学生的实际。英语学科也是如此，尽管少数学生有条件、有能力在高中三年的学习中熟练地掌握英语，但对于大多数学生来说，在中学阶段主要是打基础。

高中英语学科的基础性主要表现在两方面：一是衔接义务教育的基础知识和基本技能；二是为未来发展打下基础。

基础知识和基本技能，简称"双基"，是基础教育的重要特征，也是英语学习的基础。《义务教育 英语课程标准（2011年版）》（教育部，2012）明确指出英语的基础知识和基本技能是英语学科的工具性和人文性的基础。高中英语学科是义务教育英语课程的延续，首先是一个基础的衔接和延续，然后再是提高。所以，《普通高中英语课程标准（2017年版）》强调在"义务教育的基础上，进一步学习和综合运用英语基础知识和基本技能"。

高中英语学科又是未来大学学习甚至终身学习的过渡阶段，从学生学校学习的纵向看，也是跨学科学习的一个平台，因此，高中英语学习是为可持续发展打基础，为学习其他学科和专业打下基础。这个基础不只是"双基"，而是更广泛的学习的语言基础，要求比前者高，难度比前者大。这说明在学科的基础性上，高中英语学科比义务教育阶段的英语学科有很大的拓展和提高。

3. 工具性

在义务教育阶段，课程标准已经明确了英语学科的工具性。《普通高中英语课程标准（2017 年版）》进一步突出这一属性，首先指出英语"是国际交流与合作的重要沟通工具，是思想与文化的重要载体"，再据此提出高中英语课程是"一门学习英语语言及其运用的课程"，"具有工具性和人文性融合统一的特点"。另外，在说明课程的基础性中提到"为学生的大学英语学习和终身学习打下良好基础"，也体现了语言的工具性。

英语学科的工具性主要表现在学习、思维、文化等方面。语言本身是学习的工具，无论学习什么学科、什么知识、什么技能，都是通过语言这个重要的工具进行的。尽管在基础教育阶段，学生绝大部分的学习内容是通过母语呈现的，但广大英语教师就用英语教英语已经达成了共识。那么学生也应该尽量借助英语学习英语，也就是在英语语言情境中学习英语，而且随着英语能力的提高，他们还可以逐渐尝试使用英语学习其他学科，真正体现"做中学"和"学以致用"的语言学习途径。

语言是思维的工具，人们借助语言进行各种心智活动，处理获取的各种信息，理解信息的表层意思和深层意义。由于不同语言的不同结构体系造成思维模式的不同，说不同语言的人会有不同的思维角度和深度。在汉语背景下，我们更习惯于形象、直观思维，习惯于含蓄、间接表达，习惯于以人为中心思考事物，习惯于由表及里的思考方式；在英语体系中，人们更习惯于逻辑思维，习惯于直接表达，习惯于以客观现象对人的影响的角度思考事物，习惯于先果后因的思考方式。因此，学习和掌握英语，就是掌握另一种思维工具，弥补单一语言带来的思维的局限。

语言是文化的载体，各个国家、各个民族主要是通过语言传承和传播各自的文化，也是通过语言获取其他国家和民族的文化。学习英语的主要目的之一就是借助第二种语言工具，了解英语国家的风土人情、民族习俗、社会生活、历史文化等，同时运用掌握的英语语言工具，讲述中国故事，传播中国的优秀文化，让世界了解中国。在日常课堂活动中，充分体现语言承载文化的工具性，让英语学习充满丰富的内容和深刻的意义。

4. 人文性

"普通高中英语课程是在高中教育阶段贯彻党和国家德、智、体、美全面发展的教育方针，落实立德树人的根本任务，体现正确的世界观、人生观和价值观，特别是社会主义核心价值观，是一门以'立德树人'为教育目的、与九年义务教育阶段课程相衔接、培养高中生英语学科核心素养的基础文化课程。"显然英语课程同其他学科一样承担着社会主义价值观教育、落实立德树人的任务。不同学科都是从自己本学科的特点出发，发挥其育人的功能。英语属于人文类学科，自然要从人文性方面发挥学科的育人作用。

"人文指人类社会的各种文化现象"，这是《辞海》对人文的定义。语言是文化传递的工具，所以英语作为一门外语，就自然具有跨文化信息传递功能。正是由于英语的这个特点，"学习和使用英语对汲取人类优秀文明成果、借鉴外国先进科学技术、传播中华文化、增进中国与其他国家的相互理解与交流具有重要的意义和作用"。《普通高中英语课程标准（2017年版）》的这段阐述说明英语学科的人文性主要表现在学习人类共同文化的过程中。

首先是中华文化。尽管学生主要是从其他学科学习中理解祖国五千年的优秀文化，传承中华文化的价值取向，形成社会主义价值观，但是在英语学习过程中，学生可以通过文化对比、跨文化交际以及文化传播等学习活动，进一步加深对祖国本土文化的理解，增强中国情怀，提高民族自豪感。

英语是获取英语国家和其他民族文化信息的主要渠道，具有其他学科所不能代替的作用。学生在语文、政治、历史、地理以及自然学科等学习中也是在不断获取和理解国外各种文化知识和先进的科学技术，但大多是通过母语，借助第三方翻译进行的。在英语学科中，学生可以通过英语直接获取有关知识，这样更能正确理解其内涵。更重要的是，在英语载体中，可以直接感受文化信息传递的不同方式以及不同的思维模式，从而提高对不同文化的包容性和对文化辨别的准确性，拓展国际视野。

世界各国人民尽管使用不同的语言，有着不同的文化，但都共同生活在同一个地球上，大家有着许多共同的人类文明，崇尚许多共同的价值观，而这些因素是各国、各民族共处的重要基础。英语学科能够从不同的角度引导学生学会自信、自强、自律，有理想、有抱负、有追求，提高自身文明素质，为提升跨文化沟通能力打下基础。

三、基本理念

1. 发展英语学科核心素养，落实立德树人的根本任务，这是高中课程修订最大的变化或者说是主要亮点之一。英语教学首先要树立这个理念，要在英语学习中发展学生英语学科的核心素养。本次修订继承了2004 年开始的高中英语课程改革的方向，学习英语再也不是原来简单地要求学生背单词、记语法、掌握语言知识，而是培养学生英语综合语言运用的能力。在此基础上，提出学科核心素养，即英语语言能力、文化意识、思维品质和学习能力，也就是说，英语学科培养学生运用英语正确做事的能力，从原来只重视语言知识，到后来重视语言能力，再到现在重视价值取向和思维品质。英语课程理念的转变不是对传统的完全抛弃：我们不是不要语言知识，而是要能够运用语言知识做事；我们不是要淡化综合语言运用能力，而是要有正确的文化价值判断，通过正确的思维，正确处理和解决问题，正确做事。这是一个以语言为核心的学科教学向以人的发展为核心的学科教育的转变。通过这一理念的转变，最终是要培养学生成为具有中国情怀、国际视野和跨文化沟通能力的社会主义事业的合格建设者和接班人，真正落实立德树人的根本任务。

2. 将英语学科总目标落实到每个学生身上，我们既要考虑学生的共性，又要考虑他们的个性，要建构英语共同基础，还要满足学生个性发展需求。课程结构和课程内容要面向全体，要根据 15 周岁到 18 周岁年龄段的孩子学习的需要，了解他们在义务教育阶段已经完成的学科内容，形成的语言能力，也要明确通过高中阶段学习，他们应该具备什么样的素养，达到什么样的目标。英语学科的课程结构和课程内容要有这样一个共同的基础。

3. 学生群体是由各个个体组成的，而个体之间存在着很大的差异。课程结构需要多样性，既要有共同基础的必修课程，也要有个体差异的选修课程；课程内容需要丰富性，既要有满足毕业要求的学科内容，也要有满足升学需求的课程设计，还要有满足专业发展需求的提高类课程内容。有的学生高中毕业后不想继续升学，以后的职业也不一定需要英语，那么他们只需完成必修课程；有些学生有升学的计划，那么他们可以继续选修针对高考要求的课程内容；有些学生对英语有兴趣，以后也想专门进行语言研究，或立志从事外向型工作，那么他们可以继续选修有更高要求的课程内容；有些学生可能在今后职业规划中对英语有倾向性需求，那么他们可以选修相关职业类英语课程。课程结构的多样性和课程内容的选择性既体现了课程的共同基础和个性发展的理念，也保障了这个理念的落实。

英语学科具有时代性的课程性质，那么课程内容也要体现时代性。因为任何一门学科都有其基础内容，但随着时代的发展，课程内容也要随之发生变化，产生新的内容，体现其时代性。英语学科也是如此，语言是随着时代发展而变化的，无论是语言的结构形成还是语言的材料内容，都是在不断发生变化和发展的。所以说我们在教育过程中不能忘记时代性。比如教材中要用 17 与 18 世纪的经典语篇，但也要有与学生所处现实生活有关的学习内容。

4. 在英语教学活动中，我们倡导自主学习、合作学习、探究性学习等学习方式与方法。所有这些方式与方法中，自主学习是核心。学习是个性化的行为，是否需要与人合作、是否需要探究，都是出于自主学习过程中的个性需求，当然这里的个性化不是极端的个性化。合作学习和探究性学习等其他各种学习方式都是学生需要掌握的，这是深度学习和终身学习以及可持续发展的重要保障。

　　我们之所以强调自主学习能力的培养还有一个重要的现实原因：现行教育还没有完全摆脱应试倾向的束缚，并且保姆式教育十分突出。从小学、初中到高中，老师像保姆一样，一步一步帮扶学生。学生一旦脱离保姆，就不知道该怎么学习。保姆式教育是不利于学生自我成长的。要改变这一问题，我们应该学会放手，鼓励学生去学习，鼓励学生在学习中去摸索自己有效的学习方式与方法。

　　合作学习也是非常重要的学习方式。因为现在很多英语学习活动不是一个人能完成的，比如说项目型学习、任务型学习，需要一个小组或者几个人共同完成。在合作学习活动中，学生需要学会如何与他人合作，如何进行资源共享，如何进行分工等等。探究性学习是一个人对一件事情进行深度学习的重要部分，现在我们提出深度学习，其中有很大部分就是要进行探究。学生可以探究英语语言结构特点、行文结构与思维特点，也可以进行文化意识与本质探究以及主题文化对比研究等等。

　　5. 英语学习活动要具有综合性、关联性和实践性等特点。提倡综合性，是因为语言是传播各种各样信息的工具，这些信息在很多情况下是错综复杂的，体现出内容的综合性。从语言技能培养角度来说也是一样的。教师喜欢把听、说、读、写各个技能隔离开来进行教学，经常会有专门单一训练阅读、写作、听说等课型。其实不管是阅读课还是写作课，或是听说课，整个课堂活动中语言技能都是综合使用的，不可能是以孤立的、碎片化的单一技能的形式出现。课上不可能只读不写，或者只听不说。学习内容也是如此。所以我们要树立英语教学的综合性意识。

　　有了综合性意识，我们就要去研究英语学习活动的各种内容、技能之间的关联性。就拿语言技能来说，听、说、读、看、写，它们之间都是有关联的。听与读是获取信息的，说与写是输出信息的。修订后的课标还提出"看"的技能（viewing），多模态语篇往往是由语言、图片、表格、视频、音频等各种符号组成，所以我们不只是依靠读和听，还需要借助看获取信息。听、说、读、看、写之间存在着非常密切的关联，譬如，在与人交流时，我们不仅是听，很多时候还借助看对方的脸部表情、眼神示意和肢体语言等，理解对方所传递的信息。语言知识和信息内容也是如此。一个词语的意思有其内涵，也有其外延。词语与词语在具体的语篇中，通过主题情景构成逻辑连贯，形成信息内容的关联性。英语课程内容是如此，那么英语学习活动内部的各种因素也必会形成内在的关联。

英语对于大多数人来说，是一门实用性的语言。掌握英语就是掌握一种工具，学习英语需要在实践中体验并用于实践，十几年前提倡的"做中学"与"学以致用"还是有其积极的意义的。英语不是上课听会的，不是课后背会的，也不是练习做会的，更不是考试考会的，英语是在实际运用中不断假设、不断体验、不断反思、不断修正，逐渐掌握的。所以，英语课程内容设计与活动设计要考虑到语言学习的特点，教师要有这个理念和意识。

6. 从评价角度来说，我们应该树立什么样的课程理念？自从 2001 年义务教育课程改革以来，大家已经逐渐接触到"评价"这个概念。以前教师熟悉的是"考试"，后来才认识到考试与评价的关系：考试只是评价的一种工具而已。既然考试只是一种工具，那么在英语教学活动中，我们不能只靠一种工具去评价学生，应该用多种方式、多种工具去评价。种类多了，就形成了评价体系。

在整个评价体系中，评价的主体应该是学生，而不应该是教师。怎么让学生成为评价的主体？首先，评价应该成为学生自主发展的工具，不是被分类的杀手锏。形成性评价应该成为英语学习活动的主要评价工具。基于学生原有的能力水平，依据最近发展区域的理论，共同设定适当的学习活动目标，并创造情景，引导学生自我反思、自主修正，从而促进学生全面、健康而有个性的发展。

评价聚焦什么？应试教育下的考试就是语言本身，大家非常熟悉阅读理解、语法填空。这些评价工具本身不存在不当之处，问题考查的往往只是语言知识和简单的语言技能，阅读理解考查的大多是语篇的表层意思，语法填空的语篇情景虚假，脱离真实情境。《普通高中英语课程标准（2017 年版）》提出的英语学科四大核心素养，理所当然是评价的聚焦内容。与之相应，课标还设计了英语学科学习内容标准、英语学科质量水平标准和学科核心素养的水平等级。这些都为学习评价和考试命题提供了依据。

第二节　学科核心素养的水平划分

学科核心素养是一个很吸引人的概念。很多人问怎么来测试，以及如何来评价。要测试或者评价，就得有水平划分，也就是层级或者等级的问题。

一、语言能力

语言能力涉及语言意识、语感、语言理解、语篇能力、语言表达、语言交际等几个维度，用一、二、三级水平来描述。

1. 语言意识的一级水平是这样描述的：意识到英语和英语学习与个人发展、国家发展和社会进步的关系。意识到语言与世界、语言与文化和思维之间有联系。二级水平是这样描述的：认识英语和英语学习与个人发展、国家发展和社会进步的密切关系，认识语言与世界、语言与文化和思维之间的紧密关系。与一级水平相比较，"认识"与"意识到"是一个层次上的提高。三级水平提到：深刻认识英语和英语学习与个人发展、国家发展和社会进步的密切关系，深刻认识语言与世界、语言与文化和思维之间的紧密关系。这里的"深刻认识"，程度与一、二级水平相比就不一样了。从"意识"到"认识"，再到"深刻认识"，每一级的水平都在递升。

2. 语感也分三个等级。一级水平是具有初步的英语语感。二级水平是具有一定的英语语感，在英语理解和表达中发挥英语语感的作用。三级水平是具有较强的英语语感，在英语理解和表达中有效发挥英语语感的作用。一级水平只要求具备初步的英语语感。二级水平不仅要具备一定的英语语感，还要让语感去发挥作用。比如，有的时候语文老师经常会说这个句子读不通，通过朗读就能感到句子的正确与否，这就是语感。三级水平则强调具有较强的英语语感，并在英语的理解和表达中，有效地发挥英语语感的作用。

3. 语言理解水平分为三级。一级水平：理解多模态语篇传递的要义、主要信息和意图。二级水平：理解多模态语篇传递的要义和具体信息，推断作者的意图、情感态度和价值取向，提炼主题意义。三级水平：准确理解多模态语篇传递的要义和具体信息，推断语篇的意图、情感态度和价值取向，提炼并拓展主题意义。所谓理解无非就是听、读、看这三方面，与之相应的语篇分口头、书面和其他新媒体呈现的方式。所以一级水平是理解多模态语篇传递的要义、主要信息与意图。而二级水平，又增加推断作者的意图、情感态度与价值取向，以及提炼主题意义，要求就高了。到第三级要求准确理解，还要推断语篇的意图。

4. 语篇能力，属于语言理解方面内容。一级水平：辨识语篇的整体结构和文体，根据上下文推断意义。二级水平：分析语篇的组织结构、文体特征和语篇的连贯性，厘清主要观点和事实之间的逻辑关系，初步了解语篇恰当表意所采用的手段。三级水平：解析语篇结构的合理性和语篇主要观点与事实之间的逻辑关系，批判性地审视语篇的内容、观点、情感态度和文体特征，赏析语篇中精彩语段的表意手段。

5. 语言表达，也就是说和写。一级水平：陈述事件，传递信息，表达个人见解和情感。二级水平：有效地陈述事件，传递信息，表达个人观点和情感态度，体现意图和价值取向。三级水平：准确、熟练和得体地陈述事件，传递信息，表达个人观点和情感态度，体现意图和价值取向。

6. 交际能力。交际能力实际上是把听、说、读、写能力综合起来。一级水平：在熟悉范围的人际交往中，尝试建构恰当的交际角色和人际关系。二级水平：在常见的人际交往中，建构恰当的交际角色和人际关系。三级水平：在较为广泛的人际交往中，建构恰当的交际角色和人际关系。

二、文化意识

文化意识水平划分从六个方面考虑：文化获取、文化比较、文化交流、文化理解与自信、文化价值观和文化传播。

1. 文化获取。文化获取分为三级水平。一级水平：能够在明确的情境中根据直接提示找到文化信息。二级水平：能够选择合适的方式与方法在课堂等现实情境中获取文化信息。三级水平：能够运用多种方式与方法在真实生活情境中获取文化信息。

2. 文化比较。一级水平：有兴趣和意愿了解和比较具有文化多样性的活动和事物。二级水平：具有足够的文化知识为中外文化的差异提供可能的解释，并结合实际情况进行分析比较。三级水平：基于对中外文化差异和融通的理解与思考，探究产生异同的历史文化原因。

3. 文化交流。二级水平：在进行跨文化交流时，能够注意到彼此之间的文化差异，运用基本的交际策略。三级水平：具有跨文化敏感性，能够以尊重文化多样性的方式找出并解决问题，调适交际策略。

文化交流没有提到一级水平，有这么几个方面的考虑：第一，一般来说，学生刚进高一，必修当中要求可能会比较低，我们首先要面对共同基础这个问题。第二，从年龄角度来说，高一这个年龄段，真实地进行文化交流的机会还是比较少，所以直接从二级开始，要求学生在进行跨文化交流时能够注意到彼此之间文化的差异，运用基本的交际策略。也就是假如你到国外去旅游，在街上碰到外国人了，在这个过程中能不能有意识地把自己已经学到的东西用到跨文化交际中去。第三，具备跨文化敏感性，能够尊重文化多样性，能够以尊重文化多样性的方式去找出问题并解决问题。在有些文化中，有一些话题，比如宗教等，是敏感的，所以说在交际过程当中，需要具备敏感性并调整交际策略。

4. 文化理解与自信。一级水平：感知中外文化的差异，初步形成跨文化意识，通过中外文化对比，加深对中国文化的理解，增强文化自信；二级水平：尊重和理解文化的多样性，具有国际视野，进一步增强文化自信；三级水平：领悟世界文化的多样性和丰富性，具有人类命运共同体的意识；分析、鉴别文化现象所反映的价值取向，坚定文化自信。

5. 文化价值观。一级水平：了解中外优秀文化，形成正确的价值观；感知所学内容的语言美和意蕴美；二级水平：感悟中外优秀文化的精神内涵，树立正确的价值观；理解和欣赏所学内容的语言美和意蕴美；三级水平：汲取优秀文化，具有正确的价值观、健康的审美情趣和道德情感。

6. 文化传播。也就是说如何运用国际社会能够理解的语言来传播中国文化或者说讲好中国故事。一级水平：能够运用简单的英语描述与现实生活紧密相关的中外文化基本知识。二级水平：有传播中华优秀文化的意识，能够运用简单的英语描述中外文化现象。三级水平：能够用英语讲述中国故事，描述、比较中外文化。

三、思维品质

关于思维品质，我们从四个方面来讲：观察与比较、分析与推断、归纳与建构、批判与创新。

1. 观察与比较。一级水平：注意观察语言和文化的各种现象，通过比较，识别各种信息的异同。二级水平：主动观察语言和文化的各种现象，通过比较，识别各种信息之间的主次关系。三级水平：正确观察语言和文化的各种现象，通过比较，从错综复杂的信息中，识别关键问题，把握全局。

2. 分析与推断。一级水平：客观分析各种信息之间的关联和差异，并发现产生差异的基本原因，从中推断出它们之间形成的简单逻辑关系。二级水平：客观分析各种信息之间的内在关联和存在差异，并发现产生差异的各种原因，从中推断出它们之间形成的逻辑关系。三级水平：综合分析各种信息之间的内在关联和存在的各种矛盾，并梳理产生这些矛盾的归因，从中推断它们之间形成的各种逻辑关系。

3. 归纳与建构。一级水平：根据所获得的信息，提取共同特征，形成新的简单概念，并试用新概念解释新的问题，尝试从另一个角度认识世界。二级水平：根据所获得的多种信息，归纳共同要素，建构新的概念，并通过演绎，用于解释、处理新的问题，从另一个视角认识世界。

三级水平：根据所获得的综合信息，归纳、概括内在形成的规律，建构新的概念，并在实践中，用于处理、解决新的问题，从多视角认识世界。语言知识的学习过程其实就是建构新概念的过程。比如英语中的被动语态，在汉语中不会专门讲解被动语态，因为汉语中不强调这一点，但英语中这一点就很明显，该用被动语态就要用被动语态，就要去重新建构一种语言现象。再比如说时态，汉语中是靠副词来解决这个问题的，如"我看完了"，"我吃完了"。但英语不是，要靠时态变化来表示动作的完成，这时也要建构新的知识。所以我们划分出这三个方面，就是基于这些方面考虑的，根据所获得的信息，提取共同的特征，形成新的简单概念，并使用新概念解释新问题，尝试从另外一个角度去认识这个世界。二级水平是根据所获得的多种信息，归纳共同要素，还要把要素提取出来建构新的概念，并通过演绎用于解释并处理新的问题。第三级水平就是根据所获得的综合信息，归纳概括内在的逻辑规律，建构新的概念，并在实践当中用于解决新的问题。从多重视角（以中国文化视角或以西方文化视角）去认识这个世界。

4. 批判与创新。批判与创新分为三个级别的水平。一级水平：针对所获取的信息，提出自己的看法，并通过简单的求证手段，判断信息的真实性，形成自己的看法，避免盲目接受或否定。二级水平：针对所获取的各种观点，提出批判性的问题，辨析、判断观点和思想的价值，并形成自己的观点。三级水平：针对各种观点和思想的假设前提，提出合理的质疑，通过辨析、判断它们的价值，作出正确的评价，以此形成自己独立的思想。

四、学习能力

关于学习能力，我们从这六个方面进行讨论：学习兴趣与动机、学习目标与计划、学习意志与自信、学习自主与合作、学习资源与渠道、学习活动与交流。

1. 学习兴趣与动机分为三个级别的水平。一级水平：对英语学习感兴趣，有学习动力。二级水平：对英语学习有浓厚的兴趣和愿望，有稳定的学习动机。三级水平：对英语学习有广泛而持久的兴趣和愿望，有强烈的学习动机。在一级水平中，我们是这么描述的，"对英语学习感兴趣，有学习动力"，这是比较初步的。二级水平中我们是这样描述的，"对英语学习有浓厚的兴趣和愿望，有稳定的学习动机"。有的同学情绪高了两天，就多花点时间学，过两天就没兴趣了，或者情绪不高了，这说明他还没达到二级水平。到二级水平的话，学习是比较稳定的。所以教师要激发学生的学习动机，让学生保持稳定的学习动机。三级水平中提到，"对英语学习有广泛而持久的兴趣与愿望"，所以学习兴趣和动机是学习能力提高的最基本的东西，没有兴趣其他就免谈了。

2. 学习目标与计划也分为三级水平。一级水平：有学习计划。二级水平：有明确的学习目标，能制订并按需调整学习计划。三级水平：有长远规划和明确的学习目标，按需制订、调整并优化学习计划。对一级水平的学生来说要有学习计划。这个学习计划不是形式。据我所知，有时候教师也要求学生去订新学期新计划，但结果只是一个形式。我们要指导学生，让学生真正意识到"我的学习计划我负责"。有了自己的学习计划，可以说具备一级水平了。到了二级水平，学生应该有明确的学习目标，能够制订并按照需要调整自己的学习计划。因为计划订了不是一成不变的，执行过程中根据实际需要慢慢调整，具备这个能力说明学生的学习素养有所提高。到了三级水平，是有长远规划与更明确的学习目标，按照需要制订、调整并优化自己学习的计划。一个阶段过去反思一下作些调整，这样的学生会学习。

3. 学习意志与自信也分为三级水平。一级水平：有学好英语的决心和克服困难的意志。二级水平：面对学习困难能分析原因并尝试解决，调节自己的情绪和情感，对英语学习有较强的自信心。三级水平：勇于面对学习困难并加以解决，主动调控心态和情绪，积极反思学习效果，对英语学习有很强的自信心和成就感。

4. 学习自主与合作分为三个级别。一级水平：虚心学习并向他人求教，有较强的合作精神。二级水平：开展自主学习和合作学习，反思学习效果并据此优化学习策略和方法。三级水平：善于自主学习和合作学习，举一反三，积极争取和把握各种学习和表现机会。

5. 学习资源与渠道分为三个级别。一级水平：了解多种学习资源的渠道。二级水平：能开展课外学习，能利用网络资源等扩充学习内容和信息渠道。三级水平：积极拓宽课外学习资源，通过网络等多种信息渠道获取最新知识，并根据学习需要加以取舍。人的学习为终生学习，一旦离开校园，离开老师，就要靠自己获取资源进行学习，所以教育过程中如何利用信息技术就显得非常重要，要从一开始就让学生接触并了解网络资源，所以我们设定了一级水平"了解多种学习资源渠道"。现在的孩子，我觉得现代信息技术意识应该比教师还强，只要教师有意识地加以引导、启发，学生肯定在这方面会有很大的作为。到二级水平的时候，学生能开展课外学习，利用网络资源等扩充学习内容与信息渠道，不只是局限于课文、局限于教师、局限于课堂，要走到课外，在家时则可以用网络进行学习。所以这一点还需要各方面的认同与合作。有的家长担心孩子滥用电脑或手机，不让孩子碰这些东西，这种管理自有道理，但从长期来看，这种做法不可取，我们还是应该从积极的角度来引导学生通过网络获取自己所需要的东西，去充实学习。三级水平是积极拓宽课外学习资源，通过网络等多种信息渠道获取最新知识，并根据学习需要加以取舍。"取舍"两个字很重要，这么丰富的资源不可能什么都学、什么都看，没有选择肯定是错误的。

6. 学习活动与交流分成三级水平。一级水平：积极参与英语学习活动。二级水平：运用英语进行交流和表达。三级水平：能运用英语进行有效沟通和交流。一级水平就是积极参与英语学习活动，课堂讨论也好，课外研究也好，我们要看一个学生是不是具有积极参与的意识。而到了二级水平，是用英语进行交流和表达。英语必须与社会相结合，在实践中去使用，而不是纸上谈兵，不是做卷子、做题目，与实践结合就需要学生有使用英语的意识。同学与同学之间，同学与老师之间，中国同学与外国人之间，还有在网络虚拟场景里，能使用英语的机会变得越来越多。到了三级水平，能用英语进行有效的沟通与交流，也就是说能借助英语解决自己在生活与学习中的问题。有的老师肯定会提出，这些东西怎么考？其实我们不会只考某一个素养，可能是根据学习的内容，在活动当中，从学生的综合表现中来评估某种能力。

第三节　课程设计的依据与结构

一、课程设计的依据

《普通高中英语课程标准（2017年版）》在设计英语学科的课程结构时，主要依据三个方面：教育部的《普通高中课程方案（修订稿）》、英语学科课程发展的现状和新的英语课程目标。

1. 以《普通高中课程方案（修订稿）》为依据

教育部制订的《普通高中课程方案（修订稿）》（教育部，2014）明确提出："普通高中教育是在九年义务教育基础上进一步提高国民素养、面向大众的基础教育。"在这一定位中，我们需要关注几个关键词："基础教育"确定了高中课程的基本属性，是为一个人今后的发展打基础；"进一步"自然是指高中课程是义务阶段的发展和提高；"提高国民素养、面向大众"说明高中教育是国民教育的一部分，是大众化教育，不是精英教育；"在九年义务教育基础上"强调了高中课程要与义务教育衔接，需要我们重视初高中之间的过渡。基于普通高中课程的总体定位，普通高中英语课程是一门面向大众、提高学生英语学科核心素养的基础性课程，在课程结构与要求上，需要充分体现学科的基础性、共同性、选择性、关联性和时代性，以满足学生的多元发展需求。

《普通高中课程方案（修订稿）》（同上）对普通高中课程结构提出："普通高中课程由必修、选择性必修、选修三类课程构成。必修课程是全体学生必须修习的课程，是普通高中学生发展的共同基础，由国家根据学生全面发展需要统一设置；选择性必修课程是学生根据个人需求与升学要求选择修习的课程，由国家根据学生专业倾向和个人发展需要设置；选修课程是学生自主选择修习的课程，包括国家设置的拓展、提高、整合性课程和校本课程。"根据这些要求，普通高中英语课程结构由必修、选择性必修和选修三大类课程组成，既体现学生共同基础的要求，也促进学生全面而有个性的发展。

《普通高中课程方案（修订稿）》（同上）对外语科目设置有明确的规定："外语开设英语及其他国际交流中使用较多的语种。鼓励学校在确保开好一门外语的基础上，创造条件开设两种或多种外语供学生选择修习。"这个规定明确了英语作为外语的一门科目在普通高中课程设置中的定位，同时鼓励学校积极创造条件，开设两种或多种外语，将第二外语或更多外语归入选修课程中，特别强调在学校层面进行开发和开设。

《普通高中课程方案（修订稿）》（同上）还对第一外语学分作了明确规定：必修课程 6 学分；选择性必修课程 0~8 学分；选修课程 0~6 学分。选修课程包括两种及以上的外国语课程。与《普通高中英语课程标准（实验）》相比较，必修课程减少了 4 学分，选择性必修课程减少了 2 学分。由此可见，国家对减负有实质性的措施，作了明确的减量。虽然在必修课程上，外语学科比语文和数学学科少了 2 学分，但选择性必修课程多了 2 学分，课程的升学要求与语文和数学相一致，都是 14 学分。

2. 以英语学科课程发展的现状为依据

随着我国基础教育事业的发展，高中的毛入学率已经达到 86% 以上，有的省份已经超过了 90%，高中教育已渐趋大众化。在大众化教育的背景下，高中英语学科从原来只是部分人群学习的课程发展到同龄人群体中绝大部分人都要学习的课程。学习英语的学生群体大小会对课程结构与要求产生一定程度的影响。譬如，在民国时期，只有极少数的人能够接受高中学历教育，更小的群体有机会学习英语。所以总体上当时的教材内容显得比我们现在的难得多，教学水平也高一级，而且学生的平均英语能力也强得多。但是现在高中教育已接近普及，当全民都能够接受高中英语教学时，课程的结构与要求势必要作相应的调整。

事实上，英语课程学习的群体不断增大与课程难度的矛盾已经日益显现，学生在英语学科上耗时多、效率低的现象不断困扰着学生、教师和家长，学生的学业负担越来越重。造成这种问题的原因很复杂，应试教育越演越烈、教学方式陈旧、学习方法不当、学校教学外部环境不理想等都会成为其中的消极因素，但课程结构不合理和课程要求过高也应引起重视，所以降低课程难度、减少课程内容、完善课程结构、提供更多的选择应该是本次课程标准修订的重点。

社会的发展急需外语人才，这一点也对外语教学产生了积极的促进作用。从绝对数来说，现在人们的英语水平远远超过历史上任何一个时期，而且外语教学的质量还在不断地提高。我们不能由于英语学科朝着大众化方向发展，降低课程要求，而实施平均主义，为了共同性牺牲个性与特色的发展。课程结构的调整要确保各个层次的发展需要。课程设置的多元性也是这次修订工作的重点之一。

3. 以新的英语课程目标为依据

本次课标修订将英语学科的课程总目标从由强调培养学科知识与技能的综合运用能力转为培养具有中国情怀、国际视野和跨文化沟通能力的社会主义建设者和接班人，语言能力、文化意识、思维品质和学习能力是学科要发展的核心素养。要实现课程目标，培养学生的学科核心素养必须有课程内容作支撑和教学行为作保障。

课标把语言能力定义为："在社会情境中，以听、说、读、看、写等方式理解和表达意义、意图和情感态度的能力。"毋庸置疑，语言知识和语言技能是语言能力的两大主要因素，而这两大因素也须基于语篇才能有机地整合起来并产生实际意义。一个语篇必有涉及社会情境的主题，具体传递的意义、意图和情感态度等都是属于文化内容。要提高理解和表达的能力，行为策略是保障。

文化意识应该是在文化知识的学习、文化修养的培养、跨文化行为的实践以及文化价值取向教育等过程中逐渐发展起来的，但其发展的基础离不开语言能力，也就是说，文化意识是在具体的语篇学习中逐渐发展的。而语篇正如上所述，是基于社会情境中融合语言知识和文化知识的，语篇的学习离不开语言技能和学习策略。

思维品质是学生核心素养发展的心智保障。语言能力提升、文化意识形成和学习能力提高都离不开高质量的思维，而具体的英语学习活动又是增强思维能力的途径。准确理解主题、正确解读语篇、有效表达自己、主动调适学习策略等活动都需要有高质量的思维，同时它们也能促进思维的发展。

同样，英语学习能力也是在具体的英语学习活动中逐渐提高的。带有主题意义的语篇自然是训练学习能力的平台。在这样的平台上，学生通过主动调适学习策略，不断尝试信息获取和传递等学习活动，努力提升学习效率。

综上所述，与课程目标相一致的课程内容应该包括主题、语篇、语言知识、文化知识、语言技能和学习策略六大要素，教学方式就应该是以课程内容六要素为一体的整合式学习活动。学生通过在六要素整合式学习活动中不断实践、不断提升英语学科核心素养，最终实现"具有中国情怀、国际视野和跨文化沟通能力"的课程总目标。

二、课程结构

修订后的课标设计了由必修、选择性必修、选修三类课程构成的普通高中英语课程结构（见表1）。三类课程主要特色是课程的分层与分类相结合，体现一门学科的系统性、完整性和多元性。从纵向递进角度看，通过必修课程，与义务阶段的英语课程形成关联；通过选择性必修课程，与大学学业形成关联；通过选修课程中的提高课程，与大学英语语言专业或对英语有特殊要求的专业形成关联；必修课程、选择性必修课程和选修课程中的提高类课程是从低到高水平分层的递进关系，分别是学业质量标准水平一、水平二和水平三（见课标"学业质量标准"）。从横向平行角度看，选修课程中的基础类、实用类、拓展类和第二外国语类等分类课程满足各个阶段学生的多元需求。

表1　普通高中英语课程结构示意图

类别与要求	必修课程6学分	选择性必修课程0~8学分	选修课程0~6学分				
提高要求			英语10（2学分） 英语9（2学分） 英语8（2学分）	提高类			
高考要求		英语7（2学分） 英语6（2学分） 英语5（2学分） 英语4（2学分）		基础类	实用类	拓展类	第二外国语类
毕业要求	英语3（2学分） 英语2（2学分） 英语1（2学分）						

1.必修课程

必修课程是由国家设置的、全体学生必须修习的课程，旨在建构英语学科核心素养的共同基础。其入口段与义务阶段英语学科教学衔接，体现课程的过渡性；必修课程的出口段，以高中英语学业水平考试为标准，评估学生是否达到学业质量标准水平一，完成普通高中英语学科的学业。高中学业水平考试应以学业质量标准水平一为命题的主要依据，考查的内容应是义务段英语课程和必修课程的内容标准范围之内。必修课程体现了学生的共性需求，是全体学生共同发展的需要。

2.选择性必修课程

选择性必修课程是由国家设置，满足学生专业倾向和个性发展的需要。所谓选修，主要体现在学生的学业和职业规划上。如果不打算继续升学，可以不修习选择性必修课程；如果有升学规划，则必须修习选择性必修课程；如果有英语学习兴趣，或在今后就业规划中有英语的要求，也可以修习该课程。选择性必修课程的入口段衔接必修课程，学生完成必修课程，并通过学业水平考试，他们的英语应该达到学业质量标准水平一；选择性必修课程的出口段，则为学生完成选择性必修课程后，可以参加高考。高考命题的依据是课标设定的英语学业质量标准水平二，命题的内容要以义务段英语课程、必修课程和选择性必修课程的有关内容标准为依据。选择性必修课程既是学生的个性需求，又是有升学要求的学生的共同基础。

3. 选修课程（提高类）

选修中的提高类课程由国家设置，满足三类学生的需求。他们是有英语兴趣且学有余力的，升学规划中以英语为专业发展方向的，以及在今后的职业规划中有特殊发展需求的学生。提高类课程是选择性必修课程的递进。修习者必须先完成选择性必修课程，并达到学业质量标准水平二。修习完这类课程，合格者应该达到英语学业质量标准水平三，但国家不设专门考试来检测提高类课程的学业质量。有这类课程要求的部门或学校可以依据学业质量标准水平三自行命题，考查内容要以义务段英语课程、必修课程、选择性必修课程和选修提高类课程的有关内容标准为依据。选修提高类课程的词汇要求为在选择性必修的基础上增加1000~1200个单词，但课标不规定具体词汇。选修提高类课程是学生的个性需求和差异发展的体现。

4. 选修课程（除提高类之外）

除提高类课程之外，选修课程分基础类、实用类、拓展类和第二外国语类四大类。这四类课程与必修课程、选择性必修课程和选修课程中提高类课程是平行关系，在高中三年任何学期中选修。学生可以在教师的指导下，根据自己的实际情况和兴趣爱好，选修其中的一门或多门课程。

基础类课程主要涉及基础英语，可以作为初高中衔接课程，帮助新进入高中的学生顺利完成从初中到高中的过渡。尤其对那些在初中阶段英语基础比较薄弱的学生，这类课程可以帮助他们补习基础知识、提高基本技能，以便他们能顺利进入高中阶段的英语学习，实现共同进步。另外这类课程还可以供在整个高中阶段英语学习有困难的学生选修，帮助他们补习双基，增强学习的信心，缩短与其他同学的差距。

实用类课程主要涉及职场英语和专业英语。无论是否选择高考，对于每一位学生来说，今后总是要进入社会的，但未来的社会又充满着许多不确定性，未来的成功属于那些有着充分准备的学生。所以在高中阶段有必要引导学生对自己未来的职业规划作思考。英语实用类课程的设置就是为学生提供有关职业或专业的英语，如商务英语、旅游英语、科技英语等。学生可以根据自己的规划选择其中的课程，为今后可能的职业发展在英语能力方面有所准备。

学生的兴趣志向、能力特长都各不相同，有的擅长数、理、化，有的爱好文、史、哲，有的发展音、体、美，也有的喜欢语言。英语学科的拓展类课程就是为了满足不同特征学生的发展需要而设置的。如"报刊英语阅读"可以拓展学生的全球视野，"英语国家社会文化"可以引导学生对世界历史和社会的深入了解，"英语文学赏析"可以丰富学生的文学修养，"英语文体与修辞"可以提高学生的语言能力，"英语戏剧与表演"可以让学生接受戏剧艺术的熏陶，"英语演讲与辩论"可以锻炼学生的思辩与口才。通过英语课程内容的拓展进一步激发他们的兴趣、挖掘他们的潜能、发展他们的特长。

依据教育部《普通高中课程方案（修订稿）》（教育部，2014）中提出"鼓励学校在确保开好一门外语的基础上，创造条件逐步开设两种或多种外语供学生选择修习"的精神，本课标设置第二外国语类选修课程，现推出法、德、西、俄、日五门外语课程。教育部针对这五门外语也编制了相应的课程标准，但那是作为第一外国语课程的标准，不同于第二外国语课程的要求。有条件开设两种或多种外国语的学校可以参考教育部颁布的各种外语语种的课程标准，但除了第一外国语，课程的要求和难度需作相应的调整。随着全球化的进程，一门外语已经越来越难以满足多元文化沟通的需要。所以多种外语选修课程的设置既是国际社会发展的必然要求，也是给有条件的学校提供课程的支持，更是为高层次人才培养创造条件。

选修课程（除提高类之外）由国家设置，但各地可以根据当地的社会、文化、经济等方面的特点和需要开发各种具有地方特色的课程，各学校也可以根据自身办学特色和学校师资条件开发各种校本选修课程。有些课程可以采用学校横向合作的方式，共同开发。总之，选修课程（除提高类之外）由国家、地方和学校三个层面开发，是开放型课程。

第四章　如何理解课程内容与如何操作？

本章主要讨论如何理解课程内容和如何操作，将从以下四个部分进行讨论：课程内容由哪些要素组成？语言知识包括哪些内容？课程内容各要素之间的关系是什么？课程内容的变化要求什么样的课堂教学？

第一节　课程内容由哪些要素组成？

首先我们来看课程内容由哪些要素组成，以及课程内容的内涵是什么。课程内容是发展学生学科核心素养的基础。它概括了教师要教什么，学生要学什么。也就是我们要按照什么样的标准来进行教与学。在每一个标准后面列出了很多的教学指导意见，引导教师应该如何教，学生应该如何学。那么新修订的课标中的课程内容作了哪些调整呢？现在我们来比较一下新旧课标的课程目标结构。

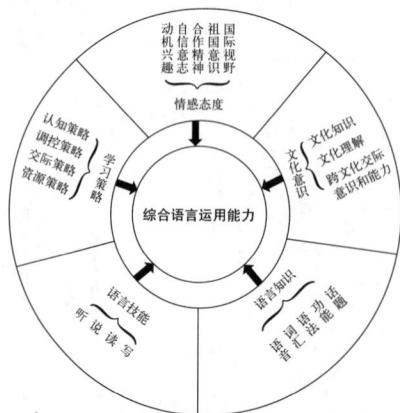

图 5　2003 年实验版课程目标结构

图 6　2017 年版课程目标结构

通过图 5 能够看出，在 2003 年实验版的课标里面，高中英语课程的总目标指向培养学生的综合语言运用能力。综合语言运用能力的形成建立在语言技能、语言知识、情感态度、学习策略和文化意识等素养整合发展的基础上。语言技能和语言知识是综合语言运用能力的基础。情感态度是影响学生学习和发展的重要因素。学习策略是提高学习效率、发展自主学习能力的先决条件。文化意识则是得体运用语言的保障。

2017 年版课标中提出的英语课程总目标是：贯彻党和国家关于全面发展的教育方针，落实立德树人根本任务，践行社会主义核心价值观教育，体现英语学习的基本规律和英语教育的国际发展趋势，在义务教育的基础上，进一步促进学生英语学科核心素养的发展，培养具有中国情怀、国际视野和跨文化沟通能力的社会主义合格建设者和可靠接班人。从图 6 里面可以看出，基于课程的总目标，高中英语课程的具体目标是培养和发展学生在接受高中英语教育后应具备的语言能力、文化意识、思维品质、学习能力等学科核心素养。就其关系而言，语言能力是基础要素，文化意识是价值取向，思维品质是心智表征，学习能力是发展条件。

要落实英语学科核心素养的课程总目标，就要构建与其一致的课程内容。具体而言，英语教学应该以主题意义为引领，以语篇为依托，整合语言知识、文化知识、语言技能和学习策略等学习内容。主题、语篇、语言知识、语言技能、文化知识与学习策略，这六个要素就构成了高中英语的课程内容。下面我们分别就这六个部分进行介绍。

主题指围绕人们生活、学习和工作相关的某一范围展开的话题类别，为语言学习限定内容范畴，包括主题语境、语言知识、文化知识和价值取向等。语言学习中常见的主题大致包括人与自我、人与社会和人与自然等三大类别，具体涉及生活、学习、情感、社会、科技、文学、艺术、体育、历史、环境等。在英语课程中，主题一般都涵盖中外两大文化范畴。对于这样的主题范围，在必修阶段以及选择性必修和选修阶段，语言难度、内容广度和内涵的深度都有所增加。

语篇类型指口头、书面等多模态形式（指语言、图示、音乐、歌曲、音像等）的语体（正式与非正式）和文体（记叙文、议论文、说明文以及应用文等）。语篇承载语言知识和文化知识，其背后隐含并传递文化内涵、价值取向和思维方式。高中阶段学习不同的语篇类型为学生接触真实社会生活中丰富的语篇形式提供了机会，也为教师组织多样的课堂学习活动提供了素材。教师在选择语篇时，一方面要使学生能够接触到真实、多样的语篇材料和语篇形式，以更好地适应未来社会学习、工作和娱乐的需要；另一方面，要鼓励学生通过学习语篇所承载的文化和价值观等具有深刻内涵的内容，欣赏语言和多模态语篇的意义和美感，丰富生活经历，体验不同情感，树立正确的人生观和价值观。此外，除了课堂和教材所包括的语篇外，教师还应注意指导学生积极开展课外阅读，体验更丰富的语篇文体，给学生推荐包括小说、传记、新闻报道、杂志和报纸文章、网络媒体的代表性文章等在内的语篇，鼓励学生大量阅读，使他们逐步养成良好的阅读习惯，发展阅读能力，学习语言和科学文化知识，拓展思维，并提高审美、鉴赏和评价的能力。学习语篇类型，不仅可以帮助学生有效地理解语篇内容，也为学生有效、得体的表达打下基础。

语言知识包括语音、词汇、语法、语篇和语用知识。对于语言知识的学习要特别注意语境的创设，学习语言知识的目的是发展语言运用的能力，因此要特别关注语言知识的表意功能。关于语言知识的内容，我们会在本章第二节进行专题讲解。

语言技能，包括听、说、读、看、写五项技能。这是学生学习和运用学习策略，从语篇中获得语言和文化知识，理解和表达意义、意图、情感态度，发展思维品质的途径。语言技能，包括理解性技能和表达性技能。理解性技能和表达性技能，在语言学习过程中相辅相成，共同促进。听、读、看属于理解性技能，而说和写属于表达性技能。修订版课标增加了"看"的技能，主要指在当前多模态环境下，学生通过文本、图示、音乐、歌曲、音像等方式，感知、学习、欣赏语言的技能。听、说、读、看、写这五项技能不是割裂开来的，而是综合在一起发展的，比如说，听和说的结合，读和说的结合，读和写的结合等等。例如，在教学中，强调听力、阅读之后，让学生就获得的信息进行讨论；在写作之前，让学生就写作内容进行讨论；在写作之后，引导学生互相分享习作。

文化知识，指中外文化知识。文化知识是学生在语言学习过程中，理解文化内涵，比较文化差异，汲取文化精华，形成文化意识的前提。文化知识涵盖物质和精神两个方面。物质文化包括饮食、服饰、建筑、交通以及相关的技术发明与创造等；精神文化包括哲学、科学、教育、历史、文学、艺术，也包括价值观念、道德修养、审美情趣、社会规约和风俗习惯等。掌握中外文化知识，将文化知识内化为价值观念，有助于促进英语学科核心素养的形成和发展，也为传播中华文化、增进中国与其他国家的相互理解与交流起到积极的作用。学习文化知识的核心是增强对中华优秀文化的理性认识，形成正确的价值观和道德情感，成为有文化修养和社会责任感的人。

学习策略包括元认知策略、认知策略、交际策略、情感策略等。有效地选择和使用策略是帮助理解和表达、提高学习效率的手段，是发展自主学习能力的条件。学习策略的使用表现为学生在语言学习和运用活动中，受问题意识的驱动而采取的具体的做法，是学生调控和管理自己学习的过程。

第二节 语言知识包括哪些内容？

语言知识包括语音知识、语法知识、词汇知识、语篇知识和语用知识。语言知识不仅包括概念规则，还包括其恰当的使用。因此，对于语言知识的学习要特别注意语境的创设，学习语言知识的目的是发展语言运用的能力，因此要特别关注语言知识的表意功能。

语音知识不仅包括发音，还包括重音、语调、节奏、连读、爆破、同化等要素。说话者通过语音的变化，表达意义和观点，反映其态度、意图、情感。因此，语音知识不仅是关于音标的问题，而更重要的是要让学生在使用的过程中表达意义，要从使用的角度来考虑语音知识的学习。例如：

He hasn't had breakfast ↘. 句尾用降调，表示否定，他没有吃早饭。

He hasn't had breakfast ↗. 句尾用升调，就表示一种疑问，对他没有吃早饭这件事情表示怀疑。

再如：

Tony (•) had three apples this morning. 强调 Tony 今天早上吃了三个苹果，而不是别人。

Tony had three apples (•) this morning. 强调 Tony 今天早上吃的是三个苹果，而不是别的水果。

Tony had three apples this (•) morning. 强调是今天早上 Tony 吃了三个苹果，而不是其他时间。

通过以上例子可以看出：语调的不同、重音的变化均可以反映说话者表达的意义的不同。因此我们应强调语音知识要和使用结合在一起，在使用中来理解语音的变化，体会语言的意义。

语言中所有的词和短语的总和就是词汇。词汇是最小的能够独立运用的语言单位。词汇不仅与词相关，也和词组（语块）相关。比如说，我们会看到学生的习作中出现 Tony opened a meeting yesterday. 学生出现类似中式英语的主要原因在于学生仅仅是把中文词与英文词进行了一一对应，而在学习中没有从词组或语块层次进行词汇学习。如果学生知道了 have a meeting，hold a meeting，attend a meeting 等词组表示"开会"的意义，那么他在表达的时候，准确性和流畅度都会提高。所以我们在学习词汇的时候，不仅要关注每一个词的意义，更要关注短语或语块的意义。

词汇中任何词语都是通过一定的句法关系和语意关系与其他词语建立起一定的联系，并在语境中传递信息的。例如，在讲述名为 Bimbo 的小狗和它的主人 Tito 相依为命的故事中，在表达其关系时有这样一句话：Bimbo (The dog) had never left his side. He was not only a dog, but a nurse, pillow, playmate, mother and father to Tito. 这一段话中，你认为哪一个词最能够体现出狗与主人之间的关系，最能打动你呢？每一个人的看法可能不一样。就 pillow 这个词来说，其字面意思是枕头。pillow 在句子中传递出来的信息，可以让我们想象出 Tito 枕着 Bimbo 甜甜地入睡的画面，这种感觉是小狗给它的主人一种温暖、依靠与信赖。

语法通常指构词造句的规则。语法知识包括词法知识和句法知识。在语言使用中，语法知识是形式、意义、运用（form-meaning-use）的统一体。我们来看这样一句话。In the 1960s we were all a little wild and couldn't get away from home far enough, fast enough to prove we could do it on our own. We now realize how important family is and how important to be near them, especially when you're raising children. 这句话主要在讲 20 世纪 60 年代和现在人们家庭观念的变化。句中讲到 20 世纪 60 年代时用到的时态是过去式（we were），而 how important family is 表示的是现在的意思。在这个语境里，要让学生了解到过去与现在的对比，从而关注语法知识的运用。

语篇知识是关于语篇如何构成、如何表达意义以及如何使用的知识。学习语篇知识是发展语言运用能力的基础，语篇知识在英语理解和表达过程中具有重要的作用。语篇中的衔接与连贯手段（代词等）属于语篇知识，还包括主题句和过渡句的位置关系、正式和非正式语篇的语言特征、不同文体语篇的写作目的和结构特征等。

不同语篇类型的写作目的不同。记叙文语篇的主要写作目的是再现经验、传递信息；说明文语篇的主要写作目的是说明事实；散文、诗歌、广告、访谈等语篇类型的主要写作目的是表达情感、娱乐、接收与传递信息。

语篇中的衔接与连贯手段包括显性衔接和连贯手段。例如，通过使用代词、连接词、省略句、替代等手段来实现的指代、连接、省略、替代等衔接关系；也包括隐性衔接和连贯手段，比如，在不使用 but 和 however 等连接性词语的情况下，实现的转折、对比等逻辑语义关系。

语用知识指在特定语境中准确理解他人和得体表达自己的知识。学生可以借助语用知识根据交际的目的、交际场合的正式程度以及参与人的身份和角色，选择正式或非正式、直接或委婉、口语或书面语等语言形式，得体且恰当地与他人沟通和交流，达到交际的目的。例如：

M: Would you like to invite me up for a coffee?

W: Oh… I'm afraid the place is a terrible mess.

在这个对话中，这位女士拒绝了那位男士的请求。她说：I'm afraid the place is a terrible mess. 并不是说自己的房间真的是一团糟，而是委婉地拒绝了男士想进她的房间喝咖啡的请求。

总而言之，新修订的课程标准涉及的学科核心素养提出语言能力，而没有单独列出语言知识，是希望教师更多地从意义和使用的角度来思考语言知识。有很多人认为现在淡化了语言知识的学习，然而并非如此。我们现在所强调的是学习的内容发生了变化，变得更加丰富和全面；学习的重点也发生了变化，更多地关注语言知识的意义，而不是形式；学习的方式也发生了变化，更多地让学生在理解语言和运用语言的过程中学习。

第三节　课程内容各要素之间的关系是什么？

要阐释课程内容六大要素之间的关系，首先我们来看一下主题和语篇之间的关系。主题包括主题的范围和主题的意义。主题泛指口头与笔头表述（如谈话与文本等，统称为语篇）的中心思想（theme）。主题范围概括了高中阶段教与学的重要主题，直接影响到学生的知识结构及其发展。主题意义是语篇所表达的意义，主题和主题意义的载体是语篇。对主题意义的探究是通过对具体语篇意义的解读和表述来实现的，是课程内容的主体，也是教师帮助学生发展学科核心素养的关键。主题统领课程内容，课程内容通过探究语篇来把握。主题和语篇是课程内容六要素中的上位概念，直接指向英语学科核心素养。

　　语言知识、文化知识、语言技能和学习策略这四者是你中有我、我中有你的契合关系。对于语篇主题意义的探究有赖于对语言知识、文化知识、语言技能和学习策略的综合把握。语言知识是语言技能的基础，也是探究语篇文化内涵的必备条件。在情境化的语言实践中，把四者融合为一体，才能发挥其表意功能的作用。

　　在语篇主题意义的探究中，语言技能和学习策略的使用是相辅相成的。比如说在确定语篇主题意义的时候，学生既用到了扫读（skimming）的技能，也用到了根据语篇的标题、图式和关键词来推测中心思想的认知策略。语言技能和学习策略的结合是自然而有效的做法。

　　语篇对语言知识、文化知识和语言技能的学习有非常重要的意义。语篇承载着情境化了的结构性的语言知识。这种语言知识包括语音知识、词汇知识，以及语法（句法）的知识。语篇也渗透了运用性的语言知识，所以我们要考虑语篇的文体知识、组织结构知识和语用知识。语篇还融入了文化内涵，包括文化知识，渗透了说话人和作者的意图，涉及情感态度与价值观的问题。语篇提供了主题情境，使语言知识和语言技能体现为在情境化运用中的知识和技能。语篇是说话人或者作者在具体主题情境中，综合运用语言知识、文化知识、语言技能的载体。学习语言需要观察和琢磨说话人或者作者是如何运用语言来表达意义的。

　　从学习的视角来看，对语篇主题意义的探究是学生在语篇主题情境中，综合性地学习和运用语言知识、文化知识、语言技能及学习策略的过程。那么我们该如何认识这个过程呢？对语篇主题意义的探究为语言知识、文化知识、语言技能和学习策略的学习及综合运用提供了机会和实践的平台。对语篇主题意义的探究活动是教和学活动的主线，我们不认同那种从语篇中挑出语言点作为教和学的主线而进行碎片化的学习，而认为更重要的是关注语篇的主题意义，通过在语言实践活动中尝试使用语言来进行学习。语言学习和使用没有清晰的界限，学以致用是学习的最高境界。语篇主题意义的内容是比较丰富的，在深度和广度上都具有开放性；对语篇主题意义的探究容纳了个体的差异。

第四节　课程内容的变化呼唤什么样的课堂教学？

　　前面已经谈到英语学习内容的六个要素，新课标中的英语学习活动观要求六要素要整合在一起来进行学习。这样的活动观聚焦了教师如何教和学生如何学的过程。有效的课堂教学是在教师的引导下，以问题为导向，师生共同对语篇意义、语篇发展的脉络和语篇语言的特点进行的探究。语言学习是学生在教师的指导下，通过参与围绕主题进行语篇意义探究的一系列的活动来实现的。学生通过参与语言实践活动，学习和尝试运用语言知识、文化知识、语言技能和学习策略，形成"学中用"和"用中学"的互补与良性的循环。所以我们要考虑在英语学习的过程中给学生提供一系列的实践活动，也就是我们所倡导的在"做中学"。学习活动的设计要整合课程内容六要素，体现情境性、结构性和层次性，关注对意义的探究，而不是语言形式或者知识和技能。语篇的意义也包含了语篇的基本意义和引申意义。表述语篇的意义是基于对语篇意义的理解之上，表述语篇的意义的过程同时可以促进对语篇意义的理解。对语言知识的学习和把握有赖于具体的语篇主题提供的情境，学习语言知识就是把握具体情境中语言知识的形式和表意功能。教师要在课堂上实时观察、评价、引导学生的语言行为和思维导向，促使学习的发生。所以今后我们不仅要看到以学生为中心的（student-centered）课堂，而且要看到以学习为中心的（learning-centered）课堂，促进学生的学习。

　　在现行的英语学习活动观指导下，我们要关注课程六个要素的整合式学习，使思维活动贯穿在整个学习活动过程中。只要让学生去学，只要让学生用英语来进行理解和表达，思维就在其中。

第五章 如何在课堂上落实新课标?

《普通高中英语课程标准（2017 年版）》提出了由语言能力、文化意识、思维品质和学习能力共同构成的英语学科核心素养，同时还提出了六个要素整合的英语学习活动观，希望改变长期存在的、孤立的以知识和技能为主的碎片化教学的现象，同时也解决情感态度与价值观"贴标签"的问题，使英语课程成为整合、关联和发展的课程，更好地落实立德树人的根本任务。

这一章主要关注三个方面的内容。第一，新课标提出了哪些具体的教学建议？第二，基于活动观的教学设计有什么样的特点？第三，是否可以通过具体的案例展示活动观的教学？

第一节 新课标提出了哪些具体的教学建议?

教学建议是我们落实课程标准的关键，因为课堂教学的有效实施是保证核心素养能够落实的最重要的途径，那么广大教师需要积极探索有效的教与学的方式，主动实践以主题意义为引领的六要素整合的英语学习活动观，以此来推动深度教学。为了帮助广大教师能够更好地落实核心素养，也针对前期课程改革未能解决的问题，以及教师在新的课程标准实施的过程中可能遇到的一些困难和问题，修订后的英语课程标准对教师提出了八条教学建议。

这八条教学建议的提出主要有以下几个出发点：第一，我们希望修订后的课程标准能够好用、管用，而不是仅仅提出一些理念，具体还要看怎么样能够让这些理念落实在课堂教学之中。第二，就是我们在过去十几年进行新课程的实验过程当中遇到了这样或那样的问题，也存在着过去十几年课程改革中没有解决的问题，所以也是为了解决这些问题，同时特别关注在新的课程标准修订后的实施过程中，教师有可能会面临的一些新问题，针对这些问题来提出实施建议。第三，就是我们希望能够有更多可操作的教学案例，这次修订力求在每一条教学建议的后面都附上一个教学案例的片段，为每一条教学建议提供实践支持，包括对案例进行说明，这样能够让教师更好地理解这些教学建议的初衷和宗旨。第四，就是确保课程标准能够具有可操作性。为了保证课程标准在实施过程中的真实性，就是教学的真实性，我们在教学案例的选择和编写过程当中，采用了来自一线教师的真实的课堂教学实践案例，并力求这些教学案例具有一定的代表性，能够对广大教师实施和落实课程标准具有一定的参考价值。对于本次课程标准提出的八条教学建议，我们先大致梳理一下，并作一个总揽性的分析。

1. 以核心素养为目标，根据课程内容标准，开设好必修、选择性必修和选修的课程。这一条主要针对高中英语课程所设置的三类课程的不同功能和内容标准，提示广大英语教师，在实施以核心素养为目标的高中课程的过程中，要认真学习和把握好针对必修、选择性必修和选修课程提出的课程内容标准。因为，落实核心素养的目标不是一句空话，必须落实在学科课程的实施过程中，而课程实施必须依托课程内容，突出学科的育人价值，通过挖掘学科内容引导学生实现深度学习。

2. 关注主题意义，制订指向核心素养的单元整体教学目标。我们提出了以主题意义为引领的六要素整合的英语学习活动观，所以主题意义将成为这次课程的实施部分。在教学中，怎么去关注主题意义成为一个重点。教学建议的提出就依据这样的活动观，关注主题意义，让教师不要去关注某一个篇章、某一个段落或者某一个词汇或者语法，而是从单元整体的角度来设计教学目标。

3. 深度研读语篇，把握教学核心内容。

4. 实践英语学习活动观，促进核心素养的有效形成。

5. 重视培养学生的学习能力，为学生学会学习创造条件。

6. 利用现代信息技术，拓宽学习英语和运用英语的渠道。

7. 处理好教、学、评的关系，达到以评促教，以评促学的目的。

8. 不断提高自身专业化水平，与课程改革同步发展。

前面四条，第一条关注的是英语课程的全面实施要注意的问题；第二条强调单元教学整体目标的设计；第三条关注的是对课程内容的研读和分析；第四条关注的是教学方式。这四条都直指课堂教学的实施层面。第五条探讨如何培养学生的学习能力，因为学习能力作为核心素养的四大素养要素之一，是一个非常重要的素养。而如何在教学实践中培养学生的学习能力，则有一个相对具体的建议。第六条关注信息技术，怎么能够利用现代信息技术来拓宽学习英语和运用英语的渠道。第七条，主要关注教学和评价之间的关系，这也是在过去的高中英语课程实践当中，没有很好解决的一个问题，即教、学、评不匹配的问题。特别是评，也就是我们所说的形成性评价或者说课堂评价，在很多的教学实践中还没有得到充分的重视，也没有可操作性的方式和方法，导致教、学、评之间不能够做到三位一体。所以我们希望提出这一条，能够达到一个以评促教、以评促学的目的。最后一条是关注教师的专业发展，希望教师不断提高自身的专业化水平，努力与新课程同步。下面我们分别来看一看每一条教学建议的具体内容。

第一条建议，以核心素养为目标，根据课程内容标准，开设好必修、选择性必修和选修的课程。

必修课程

必修课程是面向全体高中学生的课程，是学生满足高中毕业要求必须修习的课程，也是为学生奠定英语学科核心素养的基础课程。教师要特别把握好必修课程的基础性，从学生的语言水平和基本需求出发，根据必修课程的内容标准，制订合理可行的教学计划，力求使课程内容与义务教育有机衔接。教师要注意改进教学方式和方法，重视对学生学习策略的指导，帮助他们养成良好的学习习惯，发展自主学习能力，确保所有高中学生经过三个模块的学习基本达到学业质量标准水平一的要求，为他们进一步学习和未来发展奠定共同基础。必修课程的主题语境涉及人与自我、人与社会、人与自然三大主题领域，虽然与选择性必修和选修课程没有本质区别，但是在内容的深度、广度和语言的难度方面是有区别的。

在语篇类型方面，必修课程重点关注记叙文、说明文、应用文，以及新闻类语篇和与之相关的语篇知识。必修课程的内容标准在语音、词汇和语法知识等方面特别突出了语用要求，并通过新增语篇知识和语用知识的标准，凸显对学生实际语言运用能力的重视。

在课堂活动中，教师要改变碎片化的、脱离语境教授知识点的教学方式，重视真实情境的创设，明确交际中各方参与者的身份和关系，引导学生学会根据语境和参与者身份选择得体的语言形式开展有效的交流。同时，教师要把对文化知识的教学有机地融入语言学习之中，充分挖掘语篇中的文化和育人价值，通过活动与学生共同探讨文化的内涵，丰富学生的文化体验，发展学生的文化鉴赏力，将文化知识转化为内在的具有正确价值取向的认知、行为和品格，达到育人的目的。

学习策略标准在必修阶段占有举足轻重的位置，对学习策略的培养要融入语言学习、信息整合、意义探究、文化比较和价值判断的学习活动中。除课堂学习外，课程标准对课外视听和课外阅读活动也提出了明确的要求：必修阶段视听每周不少于 30 分钟；课外阅读量平均每周不少于 1500 词，总量不少于 4.5 万词。

内容标准中没有明确列出思维品质和文化意识的内容标准，而把对学生思维品质和文化意识的发展要求，有机地融入到对语言知识和文化知识的学习过程中。因为语言是文化的载体，也是思维的工具，教师要在帮助学生发展语言能力的同时，促进其思维品质的发展，引导其正确的价值观。

必修课程还要作好初高中学习的衔接，特别关注那些在义务教育学段中英语学习基础薄弱的学生，扎实地做好补习工作，要把立足点放在帮助学生认识到初高中学习的差异，促使他们形成良好的学习习惯和思维方式；帮助学生认读和理解基本单词、句子和课文，多让学生朗读文章中的重点短语、句子和段落,促使他们尽量使用教材中的短语和句子尝试说英语和写作;适当补充适合学生听和读的材料,增加学生的语言体验,保证学生通过英语必修课程的学习能掌握最基本的学习内容并顺利完成必修阶段的学习任务。

选择性必修课程

选择性必修课程为有升学意向的学生开设,与必修课程为递进关系。课程力求在必修课程的基础上,循序渐进地提高学生的英语学科核心素养,使学生能够达到一个较高的素养水平,为进入大学奠定良好的英语基础。

教师要根据选择性必修课程所提出的基于六要素的内容标准,采用丰富多样的教学方式和手段,进一步突出以主题为引领、以语篇为依托、以活动为途径的整合性教学。

选择性必修课程中的三大主题在必修课程基础上从深度和广度两个方面有所扩展,同时还补充了更多的语篇类型,如专题讨论,论说文、评论、散文等文体,以及文学类和百科知识类等文体,语篇中所承载的语言知识和文化知识等学习内容也更加丰富,所需发展的语言技能和学习策略的要求也有较大幅度的提高。选择性必修课程还对课外视听活动、课外阅读量提出了更高要求,视听每周不少于 40 分钟,课外阅读量平均每周不少于 2500 词,总量不少于 10 万词。为此,教师不仅要重视课堂学习,还要引导学生将课内学习与课外学习有机地结合起来。

学生学习选择性必修课程之后将要参加高考,教师要辩证地处理好教学与考试的关系,认真学习本课程标准对学业质量标准和高考命题的建议,全面落实选择性必修课程的各项具体要求。

教师要积极适应课程改革的变化趋势,在已有的教学经验和模式的基础上创新教学实践,改进日常教学评价的内容、手段和方式,始终以培养学生的学科核心素养为目的,着眼于学生的长远发展,防止以考代教和过度倾向应试教学。

选修课程

选修课程（提高类）主要是为在英语学习方面有更高需求的学生开设，与选择性必修课程为递进关系。其难度明显增加，所学习主题的深度和广度特别是内涵都有所提升。语篇类型除了选择性必修课程已经包括的类型外，还增加了学术报告、论文摘要、工作计划、演讲与辩论以及其他特色类语篇，增强了语言学习内容的思辨性、论述性，以及关于哲理性的探讨。课程对语言知识的掌握、语言技能的驾驭、文化差异的处理能力，以及对学习能力都有更高的要求。

选修课程（提高类）应更注重挖掘意义的内涵，探究其背后的文化价值观，分析语篇结构的特征和行文格式对意义表达的作用，发现语言结构在组织语篇中的价值，引导学生更深刻地体会语言的魅力，欣赏文化和语言的美妙，发展鉴赏和批判性思维的能力。

除了常规的教学活动外，要更多地调动学生的学习潜能，组织更加开放的、具有挑战性的项目式学习、研究性学习、创造性学习、演讲与辩论等活动，激发学生主动参与，引入和利用多种资源，鼓励学生分享感受、经历、看法和个人创作，为学生展现自我、挑战自我、突破自我、相互学习创造最佳的学习环境。

选修课程中除提高类之外的其他类课程（基础类、实用类、拓展类、第二外国语类）旨在供不同水平、不同兴趣和不同需求的学生任意选修，也是为适应学校办学特色的个性化课程，可在高一至高三年级的任何学期开设。

教师应根据学生需求和学校条件，积极探索开设这些课程的途径和方法，实事求是地确定开设门类，指导学生选修适合自己的课程，帮助学生实现个性成长，必要时还可以开发和设置其他符合学校办学宗旨和特色的选修课程。

第二条建议，关注主题意义，制订指向核心素养的单元整体教学目标。为什么要关注单元整体的教学目标？单元是承载主题意义的一个最基本和完整的单位，每个单元都是以一个主题来编排的，而不是在某一个单元中，通过不同的篇章或者对话来呈现不同的主题。过去大部分教师还是比较习惯基于某一个具体的课文来设计教学目标，那么有的时候就会忽略整个单元中课与课之间的关联，以及单元主题的发展。所以，我们希望在这一次的教学建议当中，首先建议教师要关注单元的主题意义。

单元教学目标是课程总目标的有机组成部分，我们在设计单元教学目标的时候，要关注以下三个要点：第一，以发展英语学科核心素养为宗旨。也就是说，任何时候关注一个单元的目标时，我们都要思考英语课程核心素养的四个要素，即语言能力、文化意识、思维品质和学习能力，要把培养学生的四个素养作为单元目标设计的宗旨。第二，我们在设计单元目标的时候要思考如何围绕主题安排学习内容和学习活动，也就是说，设计体现主题引领的学习内容和学习活动的单元教学目标。第三，目标设计要尽量采取整体设计的方式，即从整到分再整合起来的方式，从而使得我们的教学始终具有关联性、整体性和发展性，体现我们对主题认识不断深化的过程。具体而言，制订单元整体目标需要具备这样几个前提条件。

第一个前提条件是要认真分析单元的教学内容，梳理概括与主题相关的语言知识、文化知识、语言技能和学习策略，明确语篇的类型和文体特点。首先要按照活动观的六个课程内容要素从单元主题入手，然后分析内容、梳理与主题相关的语言知识、文化知识、语言技能和学习策略。以上是四个要素，明确语篇的类型是第五个要素，加上主题，一共是六个要素。我们要作好单元内部的分析，把课程内容的六个要素都融入单元里，去看它们和主题相关的这些内容。

第二个前提条件是根据教学内容和学生实际的认知水平、任务难度以及学习需求来确定教学的重点和难点，统筹安排教学。过去实施高中英语课程实验的时候，我们会发现教师在教学设计中，对于学生学情方面的分析以及对于教学内容的分析，跟后面的整个教学的重点和难点缺少关联。当我们能够更好地去分析教学内容时，就能够更好地明确每个单元的教学重点是什么。只有深入分析教学内容，才能明确和落实教学重点。

在实际的教学当中，对于学情的分析应该与对主题内容的分析结合起来，看学生在学习这样一个主题内容的时候，有哪些已有的知识及经验和可能欠缺哪些知识及经验，由此分析和确定学生在学习这个主题单元的时候，可能会遇到的困难。那么，教师在设计教学活动的时候就需要思考：需要提前给学生提供哪些具体的支持和帮助，或者进行什么样的铺垫？学生缺少什么样的经验？如何弥补欠缺的经验，或者如何把学生已有的知识经验激活起来？等等。只有基于这样的分析和思考，教师才能有针对性地进行教学设计，即基于学生的困难来设计教学活动。

第三个前提是我们在教学活动中要不断地去拓展主题的意义。一个单元通常由几个部分构成。要分析这几个部分之间是如何关联的，是如何围绕一个主题不断深化或拓展的，从而使我们对于主题的探究，成为引导学生围绕该主题不断深化和拓展认识的过程。

第四个前提是我们要确保教学目标可达成、可操作和可检测。只有做到这四点，我们才能更好地来设计和完成一个主题单元的整体教学目标。

在这次课程标准的教学建议中，我们在每一条教学建议里，都提供了一个教学案例加以说明。比如，在单元整体教学目标设计的建议里，我们就提供了这样一个案例：

本单元的主题是人与社会。在课程内容的主题情境标准中，我们主要关注人与自我、人与社会、人与自然三大语境范围。那么这个单元的主题就是在人与社会的大主题语境下，围绕具体的话题，如责任和权利以及规章制度等，通过四个语篇来呈现内容。

四个语篇的主题分别围绕：（1）高中生对于规矩的态度；（2）各自家庭的家规；（3）他们的年龄和现有的责任与权利；（4）社团的意义与章程等。四个语篇类型也是多种形式的，有问卷调查，有家规讨论，有学校社团章程的制定，有关于学生的责任和权利的议论文。也就是说，四个语篇围绕着一个主题的四个方面，以不同类型来展开。整个单元在技能安排上，按照说、听、读、写四大板块来编排，每个板块以一种语言技能活动为主，兼顾其他技能的培养，统筹语言学习、理解技能和表达技能间的协调发展。

　　本单元涉及的具体语言知识主要有以下几个方面的内容：一是从正反两个方面阐述观点的方法，包括如何阐述不同的观点，这是属于功能层面的语言知识，也是语用方面的语言知识。二是将要学习的语法知识，即选择用什么样的句式来表达观点，表达责任和权利。比如情态动词的表达方式。由此学生可以领悟到，语法知识的学习不是脱离语境的，不是仅仅学习一个孤立的情态动词，而是利用情态动词的知识来表达我们的责任和权利。所以语言是在一个具体的情境中、在语用中实现意义的表达，语法也不应该孤立地学习。三是从文体的角度，让学生发现和掌握规章制度的文体特点，并且也能用所学的英语制定相关的规章制度。

　　基于这样的单元内容分析，教师就可以思考如何制订具体的单元教学目标了。课标为这个单元的教学目标设计提供了案例，一共设计了四个单元目标。

　　第一，从正反两个方面来说明自己的观点，也就是说学习完本单元的四个语篇之后，学生要能够从正反两个方面来说明自己的观点，即围绕规则、权利、责任这样的主题来表明自己的观点。

　　第二，结合各自的家庭情况，组织有关家规的讨论。本单元的话题能够很好地和学生的生活建立起密切的关联。学生可以通过学习本单元的内容，了解并整理各自家庭的家规，虽然家规不是明文规定的，但它是一般的家庭成员都会遵守的共同的规则。学生还可以说明是否需要增减家规内容，并给出理由等。试想，如果我们让学生去思考自己家庭的家规是否需要调整，是否需要增加或者删减，然后让学生说明理由，那么学生在这个主题单元里，就学会了很多有关家规内容的语言表达形式，同时也学会了如何去表达自己的观点，如何从正反两方面来论证自己的观点，从而把思维和做人的道理也融入到语言学习的过程中了。

　　第三，要正确认识一名高中生的责任和权利。通过学习，学生要学会从自身出发，思考自己有什么样的责任和权利，并且能够使用情态动词清晰地对自己的责任和权利进行表达和阐述。

第四，与人合作，共同组织一个社团来拟订社团的章程。这是本单元学习的最后落脚点，就是学生学会了这些家规、规章制度的内容之后，在学习过程当中，通过从正反两个方面论证和表达自己的观点，学生的听、说、读、写的能力应该有了一定的发展。最后，教师让学生共同合作组织一个社团，拟订自己社团的规章制度，让学生在学习的过程中，依托主题单元的内容，把所学的东西放在一个新的情境中，用于解决问题。这也就是我们所说的核心素养之一，也就是在一个具体的情境中，学生能够运用自己所学的知识、观点、思想和方法来解决具体的问题。在解决问题的过程中，学生的语言能力也得到了锻炼。在制定规章制度的过程当中，学会与人合作，学会如何去建立一个新的社团，思考这个社团存在的必要性，还要考虑对所有加入社团的成员或者希望申请加入社团的成员提出哪些具体的要求，并因此拟订一些章程。这对学生来说也是一个从学校、从课堂走向社会的过程，所以这样的单元目标都是具有可操作性的，而且是可检测的；都是学生通过动手、动口、动脑能够做的。教师把语言学习、语言运用、思维发展以及文化意识融入教学中，从责任和权利入手，引导学生思考和学会如何做一个好公民。学生要学会自己去思考他们所应该承担的责任和权利。可以看到，本单元所设计的学习活动对学生的四个素养都有非常好的引导和培养。

我们具体看一下这四个目标，虽然我们很难把每一个目标与某一个素养要素建立起直接的关联，但是每一个单元目标其实都包含了对某一种或几种素养的培养。比如说从正反两方面说明自己的观点，就是一种思维品质的培养，也就是学生要学会用有逻辑的、批判性的思维方式来说明自己的观点。如果对自己的观点有创新的话，那就是创新思维的体现。

再有就是整理家规。这里面就涉及了对文化意识的培养。学生对自己家庭的家规有所了解，并通过对不同家庭的家规进行比较，在这个过程中鉴别、评价及汲取其中的精华来丰富和完善自己的家规，并说明理由，这里面不仅体现了思维品质，还体现了对文化意识以及学习能力的培养。学生结合各自家庭的情况，组织讨论家规，其实是促进学生学习能力发展的活动。与人合作，其实也是对学习能力发展的体现。通过拟订章程、组织社团，学生提升了文化意识和语言运用的能力，其思维品质也得到了落实和发展。由此，四个素养都融合在一个单元的整体教学目标里了。

通过这个案例，我们希望广大教师要能够从单元的整体视角来分析单元主题和内容，设计好单元整体教学目标，体现学生核心素养的培养。尽管我们说核心素养要素是可以体现在每一条教学目标里的，但其实目标都具有一定的整合性。比如说，从正反两方面说明自己的观点，首先学生要学会语言（语言能力），要能够论证自己的观点（思维品质），论证过程中肯定有价值取向，所以也必然涉及文化意识素养。当学生在叙述和说明自己的正反观点的时候，还要特别注意倾听别人的观点（学习能力），这里面显然有学习能力的体现，所以每一条目标虽然对素养的培养有一定的侧重，但都离不开四个素养的整合发展。

第三条教学建议，深入研读语篇，把握教学的核心内容。在过去十几年的课程改革中，我们发现，教师在很大程度上会忽略语篇的内涵和具体内容，而更多地关注教学的方式和方法，比如：怎么培养读的策略？怎么培养听的策略？怎么在上下文中猜测生词？这些都是形式上的教学，没有关注语篇学习的内在意义和价值。而且在教学中，已经出现了模式化和程式化的现象。

针对这一问题，教学建议特别提出深读语篇的建议，要求教师要把握好教学的核心内容，如果丢了教学的核心内容，就丢掉了学科育人的平台，放弃了学科育人的途径，也就无法落实对学生文化意识的培养。所以在这条建议里，我们强调语篇是英语教学的基础资源，语篇赋予语言学习主题、情境和内容，并以其特有的内在的逻辑结构、文体特征和语言形式组织和呈现信息。

信息服务于主题意义的表达，所以任何一个好的语篇内部其实都是有具体的主题语境与具体的内容的，并且内容之间有非常强烈的逻辑关联。每个语篇都有自己的文体特征和语言形式，作者通过这些修辞方式来组织和呈现信息，最终的目的是为了服务于主题意义的表达。

研读语篇是指什么？也就是读者对语篇的主题、内容、文体结构、语言特点、作者观点等作深入的解读和分析。我们建议教师在进行文本解读时，主要回答三个具体问题，第一个是 what，回答语篇的主题和内容是什么。第二个回答的问题是 why，即语篇的深层含义是什么，语篇所承载的价值取向是什么，或者说分析一下作者或说话人（不论是口语听力语篇还是书面语篇）传递了什么样的意图、情感态度或者价值取向。第三个问题回答 how，即语篇具有什么样的文体特征和内容结构，语篇的编排、段落之间有什么关联，以及具有什么样的语言特点，进而分析语篇的文体特征、内容结构以及语言特点是如何为主题呈现服务的。也就是说，作者为了有效并恰当地表达这样一个主题意义，选择了什么样的文体形式、语篇结构和修辞手段。

从这三个角度研读语篇就是为教师明确了如何作好语篇分析的方式和方法。这是教学建议里的一个新建议，主要是针对过去教学中出现的问题而提出来的解决方案。特别是这次课标修订提出了核心素养的目标和立德树人的任务之后，我们就要思考如何能够依托教学内容，来实现育人的目标。如果我们忽略了内容，只专注于形式或浅层次的教学，育人目标就无法实现。所以，需要我们深度挖掘语篇，在教学过程中引导学生思考，构建自己的文化价值观，才能真正地实现育人的目标。在语篇研读的教学建议下，我们也提供了研读语篇的案例。以下案例选自课文 "A Trip on 'The True North' "，我们看一下教师是如何回答这三个问题的。

首先我们回答 what 的问题。我们一起来分析这个语篇。首先，它的主题和它的内容是什么？从标题可以看出，这是一篇游记，主要内容介绍了两姐妹乘火车从温哥华自西向东横跨加拿大到大西洋沿岸的一次旅行。文章是按照旅行的时间顺序，自西向东依次介绍了沿途经过的一些主要城市，即温哥华（Vancouver）、卡尔加里（Calgary）、桑德贝（Thunder Bay）、多伦多（Toronto），并以每个城市为依托，通过两姐妹的所见和感悟，以及同行的伙伴丹尼的讲述，介绍了城市周边的自然和人文地理的特征，比如说落基山脉、温哥华人口的增长情况、森林资源、湿润的气候、落基山脉自然风光和动物、卡尔加里的当地节日、加拿大的人口分布、小麦种植和开阔的农场、桑德贝附近的淡水资源等。最后介绍了多伦多、苏必利尔湖（Lake Superior）和森林资源。文章包含了丰富多样的加拿大的自然和人文信息，以及旅行者内心的感受。以上就是从内容和主题两个角度来对语篇作了分析，回答了 what 的问题。

　　然后，回答 why 的问题，就是从其所反映的价值取向的角度进行分析：为什么作者要写这篇文章？或者说学生能够从这篇文章中学习到什么？文本是从中国学生的视角而写的一篇游记，介绍了加拿大的概况。其实作者可能希望我们重点关注的并不完全是两姐妹如何在加拿大旅游的。我们是通过学习两姐妹的游记来学习语言，并获得有关加拿大的概况和信息；是通过这两姐妹的叙述，从她们的视角通过旅行的过程了解和学习有关加拿大的知识。

　　最后一个问题就是 how，即篇章是如何组织的。首先我们明确文章是一篇典型的游记。游记通常是按照时间、路线、见闻、感受这样的线索组织信息。文章既呈现了两姐妹亲历加拿大旅行的见闻，又呈现了朋友对该国情况的介绍。那作者是从哪个视角来展示这次旅行的呢？仔细分析可以发现，它其实有一个明线，即是时间地点的线索。同时，它还有一个暗线，就是通过游记线索来呈现对加拿大的主要地理概况的介绍，包括城市、人口、自然资源、著名的景点、气候、风土人情等，通过这样的介绍，读者了解到加拿大的地理、经济、农业、体育、人口、交通等方面的信息。可以看出，这样的语篇研读，就使我们对整个语篇，包括它的主题以及它背后所传递的主要意图有了更加清晰的逻辑脉络的把握。

　　分析之后，我们把握住了设计学习活动的角度，即：使学生不仅能了解两姐妹的加拿大之旅，还能通过两姐妹的视角，了解加拿大的资源，形成对这个国家新的认知，也就是从明线到暗线设计系列教学活动。有了深入的语篇研读作为前提，教学才可能有明确的目标。如果没有认真地去研读语篇，很多老师就会简单地认为，这个语篇意义不大，信息分散，还会觉得学生对这样具体的细节信息不会感兴趣，如两姐妹走到了什么地方或看到了什么，担心学生会觉得跟自己的生活或已有的知识没有什么关系。从前面的语篇研读可以看出，教师只有基于深入的文本分析，才能挖掘出语篇的意义和价值，建立与学生已有的知识和经验的关联，也才能使学生通过学习发现他们对所获取的信息重组后可以整合为新的知识结构，形成对加拿大这个国家的整体认识。从这个角度看，该语篇的学习不仅培养了学生的语言能力，还丰富了他们的人文、地理知识，使他们了解了加拿大的国家概况。

过去，大部分老师都没有关注过 why 的问题。拿到文本，教师基本上是就事论事，比如，让学生阅读两姐妹去了哪儿，走了什么地儿。采用这种回答问题的方式授课，使得课堂缺乏对深层意义的理解和探究。我听到很多教师反映这个篇章没有意思，内容太散，很难教，学生不感兴趣等等。由此看出教师解读文本的重要性。对文本的深入研究，能够使教师从文本中挖掘它的知识内容、语言内容和育人价值，使得学生通过学习不仅能了解到加拿大的概况，还可以进一步迁移所学的国家概况知识，应用于对中国概况的分析和比较。这样就使教材内容与学生的生活建立起了关联。

所以，语篇研读是教师在教学中落实立德树人和学科核心素养目标的重要起点，对于所有老师来说，这都是至关重要的一步。教师要在教学中作好对每一个语篇的认真研读，关注每一个语篇的主题内容、文体风格和语言特点，以及它的价值取向。

第四条教学建议，强调实践英语学习活动观，促进核心素养的有效形成。这次课程标准的修订，特别提出了六要素整合的英语学习活动观。希望通过英语学习活动观的提出，确保学科核心素养能够落实。因为活动是英语学习的基本形式，是学习者学习和尝试运用语言、理解与表达意义，发展多元思维，形成文化意识，形成学习能力的主要途径。也就是说，学习的发生不可能只通过单方面的讲解实现，而需要学生参与到活动中来，并且在这些活动中，能够运用语言去理解和表达意义。

只有在理解和表达意义的活动中，学生才能更好地发展多元思维、形成文化意识。英语学习活动观的提出是这次课程标准修订的重点，也是一个亮点，是落实核心素养目标的重要保障，是变革学习方式、提升英语教与学效果的一个最重要的举措。所有的老师都应该认真学习和理解英语学习活动观，然后才能更好地去实践活动观。

那么，到底什么是活动？怎么理解活动的概念？百度百科给出的定义：活动是人类社会为了完成一定的社会职能而采取的动作的总和，具有系列性、目的性和系统性特征。通过活动，人们认识周围世界，形成各种个性品质；反过来，活动本身又受人的心理、意识的调节。调节既有运动层面的、情绪层面的，也有思维层面的。解决思维客体的活动就是在概念水平上进行调节；通过调节，我们不断地产生新的观点和想法，由此，我们的概念水平在不断地提升。

从活动的类型看，活动可以分为内部活动和外部活动。言语行为和动作行为构成的活动都是可见的，称为外部活动。内部活动是指人的心理认知层面的活动，即思维活动。在课堂教学中，我们是通过语言或者言语这个外部形式来呈现心理认知层面的水平表现、发展和变化的，所以课堂活动通常是内外结合的。那么表演类活动呢？教师在课堂上组织的输出类活动，如访谈、讨论、演讲等，构成外部活动，但是外部活动也离不开内部活动。在教育教学领域，通过体验促进学习的过程统称为学习活动。活动可以细化为思维活动、建构活动、探究活动、创新活动与社会活动等。所有有利于推动学生体验、参与和发展的活动，都可以称为学习活动，所以学习活动是一个大的概念。

在学习活动的设计上，我们要关注这样几个要点：基于口语和书面语所提供的主题情境，通过获取与梳理、概括与整合、实践与内化、分析与评价、迁移与创新等一系列相互关联的学习活动和多种互动交流方式来引导学生获取信息，梳理整合、阐释评价语篇意义，建构新知识，感知和比较文化异同，获得积极的价值观。

所以，活动是通过学生的思维活动与语言活动相结合完成的。学生在活动中，其语言知识和语言技能的运用是整合在一起的。在基于主题意义的探究过程中，学生不仅学习语言知识，还获得新的文化知识，形成对世界新的认知，也就是说，活动是学生认识自我、认识他人、认识世界的过程。在活动中学生感知和比较文化异同，获得积极的价值观，融入了他们的评价、鉴别、分析，汲取精华，分辨出真、善、美；从中提取文化精华，创造性地表达个人的观点，有理有据地阐述观点、情感和态度。在这一系列的活动中学生需要有效地使用策略和方法，提升学英语和用英语的能力。

第五条教学建议，重视培养学生的学习能力，为学生学会学习创造条件。高中阶段是学生学习能力发展的一个非常重要的时期。在教学建议中，我们提出教师要把培养学生的学习能力作为教学的重要目标，而不只是教语言。在教语言的过程中要能够为培养学生学习能力创造有利条件，让他们在学习过程中，学会如何去选择，如何去评判，如何监控自己的学习，并在监控、评价、调整的过程中，学会自主学习、合作学习和探究学习。

在培养学生的学习能力方面，我们主要提出学生自主学习的三种表现特点，一是自主，二是合作，三是探究。这三个词组是我们培养自主学习的三个关键词。

第一个关键词是自主。所谓自主就是指教学中要关注学习者主动积极的学习动机和自觉持续的行为能力，即学生的学习行为能力，也就是说，教师要在学习过程中，给学生自主学习的机会。教师不能替学生做得太多，教师只需要创设一个情境，创造一个动机，激发学生的学习愿望，让学生自主、自觉地进行学习。

当学生的学习行为发生时，他就不仅仅是被动地坐在那里听老师讲，而且会积极地参与。我们发现在之前的课程改革过程中，一个比较大的问题就是教师替学生做得过多。很多的课堂仍然是以教师讲解为主，由教师一点一点带着学生学习，多以检查正确答案为主，而看不出学生的自主性、积极性，以及个人的投入。其实在教学中，教师要学会真正放手让学生去做，这是教师培养学生自主学习极其重要的一步。

第一，教师要学会放手，就是有时只要给学生布置任务，提供支持，之后，教师就往后撤，让学生到前台来，让学生自己来做。比如，对于语篇的梳理，以前教师大多是采取提问的方式，一段一段地讲解和检查理解，学生就会比较被动。如果当教师引导学生抓住主题情境之后，可以提出通过阅读要解决的问题，让学生基于已有的知识经验，通过阅读弥补他们未知的知识和经验，那么，信息的提取和梳理就可以整体交给学生去做。我们刚开始放手的时候可能需要为学生提供一个必要的支架，比如思维导图或者信息组织图表，然后交给学生，让学生以先个人然后小组的形式阅读文本，完成对语篇信息的梳理和整合。当学生学会如何围绕主题梳理和整合信息之后，我们就可以不用给学生提供支架了，直接让学生自主地去梳理。学生通过自主学习获得的知识内容，就能够融入自己的知识结构中，因为信息的获取和理解是个体的认知过程，是个性化的心理认知过程，教师是不能包办代替的。也就是说，我们要想办法把学习过程还给学生。

第二，教师要相信学生，要敢于放手。不论是特别优秀的学生，还是水平一般的学生，他们其实都有自主学习的愿望。当老师给学生一定的自主权，交给他们事情或任务，让他们自己去做的时候，学生的动力和积极性反而被激发了。

第二个关键词是合作，即教师要在教学中引导学生学会与人沟通，培养他们合作完成学习任务的能力。尽管有些学习活动是需要个体完成的，但同时我们也要知道，在实际生活和工作中我们面临的很多问题都不可能依靠一个人去解决，所以在教学中教师要引导学生学会与人沟通，学会通过合作完成任务。学生在合作中各自发挥自己的特长，使得学习任务能够得到圆满的完成，同时互相之间还可以有很多的学习和支持的机会。

在教学中应该有很多机会让学生完成一个项目（project），或者设计一个海报（poster），或者设计一个公益广告，或者如我们在整体教学目标设计的案例中提到的，共同设计一个社团的章程。这都是合作学习。

第三个关键词是探究。探究就是对过程和概念的探究与发展的学习方式。在学习中，很多东西是需要学生自己去发现的，不应该是教师直接告诉他们。直接告诉学生的知识，学生是不会有深刻记忆的，所以我们在教学中要设计活动，让学生去分析、推理，去从事实性的信息里提炼和建构新的概念性知识，培养分析问题和解决问题的能力，学会学习。比如，前面提到的加拿大游记的案例，里面有很多具体的细节，如两姐妹走过的路线、旅行的时间、看到的动物、地理、人文的资源以及各方面的信息。如果我们仅仅停留在获取两姐妹所见所闻上，学生所获得信息的视角就会是片面的、狭窄的。对于这些信息，我们需要引导学生进行分析和整合，让学生去思考它们可以进一步归类成什么新的概念或认知：哪些可以归类为地理方面的知识？哪些可以归类为人口的？哪些可以归类为经济的？哪些可以归类为交通以及自然资源等方面的信息。通过这样的引导，学生就可以把所有的信息整合起来，形成对加拿大国家概况的结构性认知，成为新的概念化的知识。

如果再谈起加拿大，学生所学的并不仅仅是两个姐妹走过了什么地方，而是学习了加拿大的自然资源、地理概貌与各地的气温变化的特点，以及整个国家的人口、自然资源的分布、体育与交通状况等等。当我们把这些方面的信息提炼为更完整的概念性知识的时候，就形成了新的结构化知识。

因此，学习不能仅仅停留在碎片化的词汇或语法学习的层面，比如说学习某一个地点或动物的名称，因为仅仅知道一个地名或者某一个动物的名称，并没有什么实质的意义，而学生对于整个加拿大的认知，是通过将对加拿大特有的动物名称和地名等的学习融入对加拿大的国家概况的知识结构中，这才是学习的实质性成果。这种认知是通过语言获得的，并通过语言和思维得到提炼和重组。这种知识已经不再是一些细节的信息，而是认知的提升。所以语言学习不是一个单纯的语言知识的学习，而是对于文化的学习和认知，在概括、提炼、比较、评价的过程中，促进思维的发展。而只有通过自主、合作、探究的学习方式，才能激发学生的学习兴趣，提高学生在课堂活动中的参与度，促进师生间的合作与交流，达到对学生学科核心素养的培养。

学生能否有效地开展自主合作和探究式的学习是衡量他们学习能力是否得到发展的一个重要的指标。也就是说，我们在评判学生学习能力的指标上，主要关注他的自主性、合作能力以及探究精神的表现。所以这就是我们观测学生学习能力的三个重要的出发点，也是在教学中培养学生学习能力的主要落脚点。

学生学习能力的发展不是自发的，也不是自动的，是需要教师精心指导的。在教学当中，教师要避免包办代替，凡是学生能做到的，就让学生自主去完成，所以教师要有意识地对学生的学习能力给予指导。例如，课前布置合理的自学活动或者预习任务，课中完成更多的小组合作学习的探究式任务，课后布置适量的拓展性作业并提出复习的要求，这类作业可以包括基于文本的以及超越文本的内容，在主题上可以更多地联系学生的个人生活和社会生活，体现自主、合作、探究性学习的特点。

此外，教师在教学中还要注意帮助学生感受英语学习的价值和意义，因为英语学习不是以简单学会说几句话为目的的。英语学习对于自己了解世界和认识世界具有非常重要的价值，同时也是认识自我的重要途径。学生在学习中了解英语语言的结构特点和语用习惯，学会选择自己的学习方法和学习策略，主动参与学习活动，并且尝试在活动中学会进行自我评价，参与同伴评价，养成自我反思的习惯，在体验自主学习、合作学习、探究性学习的过程中学会学习。发展学习能力不是靠教师说教的，而是要让学生参与到学习活动过程当中，去自主地学习、合作地学习和探究性地开展学习。

只有在这个过程中，学生的学习能力才能得到真正的发展。也就是说，学生学习能力的发展取决于教师对学生的指导，取决于教师对教学活动的设计。教学活动的设计要考虑的不仅仅是语言、思维和文化方面的知识，还要考虑如何通过教学设计来更好地培养学生的学习能力。

我们刚才提到了关于英语的语言结构和语用习惯的内容。关于这一点，我想再作一些解释。教师要善于引导学生关注英语语言的结构特点和语用习惯，将英语中特有的结构和运用习惯融入到教学中，让学生体会到不同的文化及其思维方式，也要善于引导学生应该学什么和怎么学。例如，英语的发音、语调、节奏和韵律的体系是不同于汉语的，它有独特的地方；还有英语构词法中的派生词、英语的习语、习惯搭配等用法；还有英语句法中时态的概念和形式、基本句型、谓语结构的特点、语篇衔接的手段和特点以及英语语用习惯等特点，这些都需要我们基于对文本的分析去发现，利用文本所提供给我们的这些语言特点引导学生去观察、发现、分析、归纳、总结和进一步体验，逐步形成英语语言的意识。

同时，学生还可以基于这样的学习，创造性地使用英语来进行表达。比如说，如果我们教一首小诗，可以让学生去关注小诗的韵律特点；我们通过派生词的方法学习词汇的时候，可以教学生通过这样的规律去更好地认识词汇，同时也可以更好地使用英语派生词的知识，使用更丰富的词汇和搭配进行表达。

当然，英语学习策略和学习方法的使用是因人而异的，教师要在教学和评价中鼓励和引导学生关注自己的学习方法和策略，帮助学生形成适合自己的学习方式。

其实很多学生在学习过程当中，并不能很好地认识自我，即不了解自己在学习中具有什么样的优势或者什么样的弱点。那么在学习过程当中，教师要能够发现和利用不同学生的学习方式，在课堂上组织交流、分享所得，引导学生去发现自己的学习方式和方法，同时教师也发现自己特有的教学方式和方法，帮助学生更好地认识自我，不断丰富自己的学习策略和学习方法。

虽然每个学生都有自己特有的学习策略和方法，但是每个学生也可以通过实践，通过向他人学习，使自己的学习策略和方法得到不断的丰富和发展。教师还要认识到，教学过程也是评价学生学习的过程，这对于培养学生的学习能力来说是非常重要的，也就是教会学生如何进行自我评价，了解自我评价的一些标准，教师可以通过让学生在课堂上体验教师所用的评价原则，与学生进行交流，并就如何进行一项学习任务的评价达成共识。

通常，教师和学生可以共同讨论并形成一些评价标准，然后学生把这些标准运用到自己的学习任务中，利用标准来评判自己的学习效果。此外，我们还可以利用评价标准来指导学生学会把握自我评价的标准和原则。当师生共同建构了一些标准之后，就可以运用这些共同标准来进行评价。比如，作文结构怎么样组织是好的，什么样的口语表达或者访谈交流或角色扮演等是最优秀的，以及还有哪些地方值得改进等。师生都应该坚持或者遵守这样的评价标准。

比如，在口语表达中，学生说话声音的大小、舞台上的表情是否到位，以及表达时的语言流畅度等，都可以成为评价的外在指标。同时，所讲述的内容的逻辑性、丰富性，所表达的观点是否明确、是否有充分的论据等，也应当是评价标准的重要内容，这些标准都需要教师和学生来共同讨论，达成共识。基于这样的标准，不论是口语还是写作任务，我们都可以按照标准引导学生学会进行自我评价，使学生学会利用客观标准来指导自己的学习。

最后，教师还要善于在教学中引导学生养成自我反思的习惯。其实，反思不论是对教师还是对学生都是非常重要的学习和专业发展的方式。学生可以反思自己的学习兴趣、学习动机、学习方法、学习策略、学习效果、语言学习的阶段和总体状况，以及整个学习过程，有哪些成功之处或有哪些不足。成功之处可以去发扬光大，弱点则需要采取必要的策略和措施去弥补。教师要帮助学生成为一个有责任担当的学习者，学生要更多地为自己的学习承担起责任。

第六条建议是利用现代信息技术拓宽学习和运用英语的渠道。现在的信息技术比过去十几年有了更大的发展，也面临着更快速的发展，为英语教学提供了更广阔的空间，特别是为我们提供了多模态的教学手段、平台和空间、丰富的资源、可以跨越时空学习语言以及使用语言的机会。

通过网络建构的远距离的信息和资源为丰富我们的课堂资源提供了条件。有效使用信息技术非常有利于促进我们的教学理念、教学方式和学生的学习方式的变革。因为资源已经没有界限了，学生和教师一样可以接触到很多丰富的资源，所以学习不必再局限于课本上的东西，我们可以把课外的东西以及当下发生的事件通过信息技术呈现在课堂上。

教师需要更多地关注现代信息技术在英语教学领域中的运用，努力学习及利用网络技术。当代社会所提供的实时的、个性化的学习资源和学习平台，使我们可以跨越时空，可以跟远距离的人，甚至不同的课堂建立起课堂之间的联系与交流。我们可以通过信息技术来拓宽学习的渠道。同时教师也需要不断地改进自己的教学和评价的方式，实现信息技术和英语课程的有机结合。

这条教学建议的主要目的是希望教师利用好信息技术，提高英语教学效率。当然，我们在利用现代信息技术的同时还需要关注传统的教学手段和现代信息技术的有机结合，比如传统的教学手段中的黑板、白板、卡片、简笔画、教学挂图、模型与实物等，在英语教学中仍然可以发挥重要的作用。

现代信息技术可以更好地弥补传统教学手段无法实现的效果，比如说声音、图像、真实情境创设等。现代信息技术可以创造更丰富、更生动的音像和情境。现代与传统教学手段的结合能够改进课堂教学的效果，鼓励学生主动进行个性化的探究活动，实现深度学习。教学方式和教学资源的选择都要以促进学生学科核心素养发展为目的。例如，利用各种媒介开展移动学习和教学，指导学生合理利用电子词典等工具开展学习，使用数字化技术设计和开展个性化教学，利用新媒体语篇开展主题性阅读、扩大阅读量等等。

因为教材在编写的时候，有些主题并不能及时反映时代的发展，所以教学中教师可以利用新媒体来扩展现代主题，体现学习的时代感，还可以通过网上专题讨论区开展写作教学指导，以及基于网络的同伴互评。网络都可以实现信息的记录，为教学形式的变化提供了很多可能性。

现代信息技术的使用有助于解决我国各地教育发展不均衡的问题。

经济和教育发展薄弱的地区以及师资条件相对薄弱的学校为更好地创造条件，更应该利用好远程教育资源，因为远程教育资源可以改变我们在师资教学资源方面的不平衡局面。有了远程教育资源，边远地区的孩子和学生就能够享受到发达地区的优质师资与资源，促进英语教学质量的提高。

我们国家非常重视信息技术的普及，特别是致力于加强对经济发展相对薄弱地区的信息技术的支持力度。线上学习可以给学生提供更多的在交通不便的情况下享受不到的教育资源，网络可以给偏远地区的学生和教师提供优质的教育资源。同时，我们也要充分认识到：现在信息技术的使用不能代替师生课堂上真实鲜活的人际互动。信息技术只是教学的一种支持手段，不能代替教师的教学，所以课堂上师生之间、生生之间的思维碰撞，人际交流活动和情感交流活动仍然是促进学生语言发展的重要途径。所以，在教学中教师不能以信息技术来代替全部教学，而应该利用新技术来支持教学。我们要把现代信息技术的运用和英语课堂的互动融合起来，来达到教学的目的。信息技术的使用要注意目的性和恰当性，同时也要注意合理性和有效性。

实际课堂上有一些教师会忽略在黑板上板书，而选择用教学多媒体中的PPT来代替。但是PPT也有不利的地方，它一闪就过去了，在学生脑子里留不下什么深刻的印象。板书以及我们所制作的教具可以更直观地给学生呈现学习内容。有效地使用板书还可以使得语言学习过程成为师生共同建构意义的过程。板书可以是教学过程的体现，而不是提前做好的一张一张的PPT。所以我们也特别想提醒教师，要充分利用好板书，把课堂的学习过程还给学生。师生在意义建构的过程中，体现出更好的生成性课堂、鲜活性的语言表达和真实性的课堂互动。

第七条教学建议提出要处理好教、学、评的关系，达到以评促教，以评促学的目的。完整课堂的教学活动，包括教、学、评三个方面。过去的课堂主要是教，但是学生学了什么，怎么知道学生到底学了什么，以及学到了什么程度，我们基本上是忽略的。新课标在教学建议中特别提出教、学、评三者要统一。教，就是指教师通过有效地组织课内外学习活动达到育人的目标。学，是指学生在教师的指导下，主动参与教师所设计的教学实践活动，从而把学科知识内化为自己的学科素养的过程。也就是说，学习过程要通过学生的学，通过学生的心理认知活动转化为他的内在知识，进而发展成为他的内在的修养，以影响他的行为取向。评，是指教师依据教学目标，监控学生的学习过程，检测学生的学习成效，反思自己教学的效果，通过观察、监控或检测来调整教学进度，以期达到最佳的教学效果。比如，我们在教学中设计了一个学生参与的推理活动，活动中教师发现学生的推理出现了问题，表明学生并没有真正理解语篇的事实性信息，导致推理出现偏差。这个时候，教师就需要调整教学进度，重新引导学生去研读语篇的事实性信息，并在这个过程中发现学生的问题到底出在了哪里。这个调整的过程就是基于课堂评价的教学过程。

同理，如果发现学生在讨论问题的时候，对问题的认识有所偏差，教师不应该一带而过，而应该去思考学生的观点出现了什么问题，为什么会出现这个问题，以及我们如何通过提问、解释或学习活动可以弥补。教师能够发现学生认识上的偏差就是一种评价，同时基于问题进行调整，这两点都是非常重要的。所以教师在教学中，不仅要自己教得好，更要保障学生学得到，要确保通过一定的手段来进行监控，及时评价学生的学习成效。所以我们在教学目标的设计中也一再强调，目标要具有可操作性和可检测性，就是为了能确保教育教学目标都能落在实处，而不是教师教了一个学期，却不知道学生到底学了多少、学了什么、学得怎么样，结果只好通过期末考试检测，那时已经为时过晚了。总之，每一节课都应该体现教、学、评三位一体的教学与评价过程。

那么，教、学、评需要注意哪些问题呢？教师在组织学习活动的时候，不但要说明活动的内容和形式，还要特别明确地告诉学生活动的要求，并且所提的要求应有利于学生及时进行自我评价和互评。在学生开展活动的过程中，教师还要注意观察，比如学生的眼神、表情、肢体语言，特别是要倾听他们的语言，全面掌握他们的学习情况，并据此提供必要的支持，提供必要的支架，帮助每个学生进步。这就要求教师在教学中要特别注意倾听，特别注意观察，而不只是想着下一个教学环节和教学步骤，要更多地去关注学生学会了没有。

如果学生没有学会，我们应该怎样给他们提供必要的支持呢？学生在呈现活动成果的时候，无论是回答问题，还是结对活动或者是个人陈述活动，教师都应该采取适当的言语评价，也就是尽量不要去打断学生，不要过早地给予对错或好坏的评论。很多教师在学生给出一个答案后，就会说 very good，而不是去更多地与学生讨论。教师不习惯通过追问给学生思考的空间，不善于调动其他学生参与评价和分析活动，从而对某一个问题进行深入的探讨，每次回答只是追求一个正确答案，并且马上给出答案。这些教师只对学生的回答是否正确进行评价，而不是真正地倾听学生在说什么。教师对学生的评价应该是有针对性的评价，而不是 next，very good 这样泛泛的评价，应该是基于学生表达的内容或者表达的清晰程度等等，给予有具体内容的评价。

教师通过追问邀请学生们共同对某一个问题进行讨论，这种方式就可以使学生的思维活跃起来，也能进一步地深入下去，这时学生就会觉得以后再回答老师问题的时候不只是给出一个答案，还会有答案背后的逻辑思考。

第八条教学建议关注的是教师的专业发展，提出教师要不断提高自身的专业水平，与课程改革同步发展。这条建议的内容主要分为四个层面。第一个层面，要求教师不断地更新自己的学科专业知识，提高自身的语言和文化素养。作为一名英语教师，学科专业知识是我们教育教学的根本。教师首先要有扎实的语言基本功，要有良好的语感，因为我们是英语专业毕业的教师，就应该具有系统的英语语言知识、语言运用能力、丰富的文化知识以及世界意识。同时，我们在教学中要关注学科专业知识，深入地研读所教的文本，不断地用相关主题的知识丰富自己，所以教学的过程也应该是教师不断提升自身学科专业水平的过程。学科专业知识在教学中的另一个表现是，教师需要用英语来组织课堂教学。

学生学习英语的环境相对贫乏，他们接触英语的机会不多，如果教师课堂上还用汉语去组织教学，学生接触英语的机会就更少了。因此，教师应该尽量地用英语来组织教学，必要的时候可以用少量的汉语来辅助和支持。再有，教师也应该具备阅读专业英语文献的能力，参与教学研讨以及交流活动，提升自己数字化、信息化的能力，更新自己的学科专业知识，不断地扩展、提升自己的学科专业知识。

第二个层面关注的主要是学科教学方面的知识。我们有了英语方面的能力，但是并不一定就能成为一名优秀的英语教师。一名优秀的英语教师需要把自己对于语言本身的认识和理解转化为学生的知识和能力，这个过程是需要通过一定的途径和手段来实现的，也就是教学方式和方法。教学设计与活动设计能够使教师的专业水平和知识转化为学生的知识和能力。教师要不断地积累学科教学知识，立足教学实践，关注学生学习的实效（而不是自己教了多少内容），因此要认真地学习课程标准，深入地研读教材，挖掘育人的价值。教师要客观地分析学情，通过对教材的挖掘和学情的分析，明确自己的教学重点和难点，确保教学目标定位准确。我们要基于这些重点和难点来设计教学活动，设计基于主题意义探究的、有针对性的、有内在关联的教学活动。这些教学活动都是为了更好地来落实教学重点以及帮助学生解决在教学过程中可能遇到的难点和问题。那么在教学中，实施和监控好教学，及时地评价效果来确保教学质量，这是对教师学科教学知识方面提出的要求。

第三个层面就是加强实践与反思，促进专业可持续发展。这就需要教师把教学和研究有机地结合起来，使得教师在教学中不断地审视自己的教学观念和方法，通过开展类似于行动研究、课例研究的方式来不断地改进课堂教学，不断地提升质量。这个过程也是教师在教学实践和改进中不断地更新自己的教学观念、创新自己的教学实践的过程。

第四个层面要求各个学校都能建设好本校的教研团队，形成一个良好的教研机制，开展好教师间的合作与交流。广大教师面对新的课程标准所提出的核心素养的目标和要求，必然会感受到这些变化带来的压力和挑战。面对变化,面对挑战,教师之间需要相互支持和帮助,要通过构建新型的教师学习共同体,共同学习,共同克服困难,共同解决教学中的问题,形成教师之间在业务上、情感上、观念上的相互支持和合作,共同进步。建立这样的一个专业发展的机制,将有利于教师的专业发展,使每个教师都能以更加开放的心态投入工作。

第二节 基于活动观的教学设计有什么特点?

我们先从三方面来看一下当前制约学生核心素养发展的几个突出的问题:学习内容、学习方式、教学方式。

从学习内容上来看,当前很多教师还是以词汇与语法知识为主线,进行教学技能训练,也是单一地教词汇与语法,教听、说、读、写。由于这些语言知识与技能训练之间没有特别多的关联,所以导致教学呈现碎片化的现象,缺乏语境,忽略主题,语篇意识不强,思维发展薄弱。

从学习方式来看,学生的学习目前还是以接受性为主,主要是教师讲、学生被动地学。课堂注重知识点的训练,以应试方式为主,缺乏真实语境下的语言实践活动。

从教学方式上来看,目前制约核心素养发展的问题主要是模式化、表层化和碎片化的教学模式。很多教师的教学都进入了一种模式,即不管课程内容是什么,大部分的教学,例如阅读教学,都是首先创设语境,激活已知,然后通过快读获取主旨大意,通过细读获取细节信息,接着是关注语言知识或者语言点和语法知识的学习,最后进入到复述、讨论这类的活动。

不同文体的语篇都按照同一种模式来进行教学,表现出模式化的现象。这种模式化的教学导致我们不太关注意义本身,不太关注主题的深度理解和探究,所以说是一种表层化或者说是形式化的教学。

在教学中,把技能与内容割裂开,把语言知识与内容也割裂开,就使得教学呈现出碎片化的状态，情感态度与价值观的教育，即育人也就基本停留在形式层面，我们也把它称为"贴标签"现象。

比如，老师们上课时，大部分时间对内容、情感态度没有很多的关注，只有到课快结束的时候，才想起来"我这节课可以在什么地方提升一下"，结果就导致对情感态度与价值观"贴标签"。正是因为出现了这样一些制约核心素养发展的问题，促使我们重新思考如何变革教学内容和教学方式。

从学习内容上来看，我们首先要改变脱离语境的语言知识学习，而将知识学习和技能发展融入到主题与语境当中，在语境中围绕主题来进行语言知识的学习，以及语言技能的发展和训练。

从学习方式上来看，我们要从过去的碎片化课堂内容走向整合与关联发展的课程内容，就要实现对语言的深度学习。对语言的深度学习，就是说要把语言、文化和思维融合起来进行学习，而不是割裂成语言是语言、文化是文化、思维是思维。

从教学设计上来看，教师要思考如何在课程中实现育人的目标，而育人的目标首先要基于教学内容，要深挖文本背后的文化和它的价值意义。育人的价值是通过我们基于对文本的理解而设计的教学活动实现的，所以我们关注的其实是两个方面，一是教学内容方面的变化，二是教学方式上的变化。

首先我们来看一下如何把碎片化的内容整合成完整的课程内容。过去我们的课程是从语言知识（语音、词汇、语法功能、话题等内容）到语言技能（听、说、读、写）以及学习策略、文化意识和情感态度与价值观，但是它们之间有什么样的关联？如何相互关联，共同促进学生综合语言运用能力的发展？在过去我们对这个全盘的目标并没有进行很好的阐述和具体的指导，所以导致教学呈现出碎片化的现象。那么我们整合课程内容，走向整合关联发展的课程，首先就要在内容和内容之间建立起密切的关联。

怎么去关联？由什么来统领所有的课程内容呢？这是我们要思考的。那么在提出了以主题意义为引领的六要素整合的英语学习活动观之后，我们首先关注这六个要素是什么？六个要素之间又是一个什么样的关系？

比如说，我们首先以主题语境的创设作为引领，那么整个课堂都应该围绕着创设的主题来进行意义的探究。基于对主题的理解，文本分析又帮助我们梳理出主题的意义，然后让我们去思考如何创设这样的主题语境，为了这样的主题意义探究，创设什么样的语境来让学生把已有的知识激活，为他学习新的知识作准备。

而学习新知识又是依托语篇来进行的。语篇可以是多种类型的，可以是口语的，也可以是书面语的，也可以是多模态的；可以是文字的，也有可能是其他形式的，比如图表、图片、漫画或影片。基于这样的语篇类型，我们再获取语言信息，梳理语言信息，并整合这些语言。在提炼语篇的语言知识时，我们必然要用到语言技能，也就是说一定要通过听、说、读、写这样的语言技能来进行提炼；在技能的使用中又必然离不开策略，因为每一项技能的使用都有具体的策略，所以我们要提高策略的使用效果，促进学习效果。语言技能和学习策略就成为我们获取语言知识和文化知识，并对其进行内化的手段。通过多种活动形式，我们欣赏语言的精华部分，欣赏语言的使用，同时也汲取文化的精华，使得我们把学习到的知识和内容能够内化于心，然后外化于行。所以这六个要素之间的关联，其实就是在主题语境引领下对主题意义的探究活动。这个探究活动是通过语篇，借助于语言技能和学习策略的运用促进思维的发展，同时把语言知识和文化知识整合起来，进行内化吸收，然后影响我们的行为取向，这就是整合的课程内容。

基于这样六个要素整合的课程内容，我们就提出了英语学习活动观。这个活动观前面也作了一点介绍。什么是活动？怎么去理解？具体到每一节课将是一种什么样的教学过程？首先是基于主题我们要创设一个语境，在语境中对主题意义进行探究。当我们把主题意义引进来并梳理清楚之后，就要基于学生的已知提出问题，并激活学生的已知，然后提出这一节课要解决的主要问题。

在这个基础之上，我们依托语篇来进行学习。整个学习过程都应该有一个主线贯穿其中，要以解决问题为目的。比如说，主题是关于广告的，基于这个主题与语境，我们就去看一些现代比较常见的广告，并思考学生对于广告有哪些体验式的学习，有哪些已有的知识，平时怎么看广告的，他们的消费行为又是如何受广告影响的。在激活学生已知的基础上，我们可能就要提出问题：如何看待广告？广告的设计有哪些特点？比如广告的语言、色彩、图片、形象设计、结构等，可能都是我们应该引导学生去关注的方面。然后我们来解决什么问题呢？我们就来看一下广告设计，分析它们都有哪些特点，帮助学生形成结构化的知识，然后基于结构化的知识来认识广告。通过真实地去读或看一些广告，了解广告的语言特点，了解广告里面可能会有的事实性的信息，也可能有观点性的信息。广告里面还可能使用图片、照片、图像、色彩、音乐等，来引发别人的关注。广告语言简洁而让人印象深刻，这种广告特有的话语特点可以让学生通过分析梳理出来。

然后我们再来分析广告对人的消费行为产生了哪些影响，启发学生想想自己过去是否经常受广告影响购买商品，而非理性地消费。这样就可以促使学生去认识广告、了解广告，同时反思自己受广告影响而产生的非理性的消费行为，那么这就会涉及信息的提取、梳理和整合。同时，我们在分析广告语言特点的时候，也会对广告的语言、广告本身设计的特点进行内化和运用，形成学生对广告新的结构化的知识，同时通过比较鉴赏不同的广告引导学生来分析哪些是成功的广告，或者是效果很好的广告。同时学生也会思考，将来他们进入产品流通领域，或者想去推广自己的某个做法的时候，应该如何去设计广告，这就属于迁移创新。

在广告的背后，也会涉及道德价值问题，就是广告不能够欺骗别人，这是需要引导的价值取向。在整个活动过程当中，学生应该说不仅学习了语言，也学习了广告文化，以及广告背后的内涵与对人的影响。学生的听、说、读、看、写等技能都会有不同的发展，学习策略也会在这个过程中得到整合。实际上整个课堂活动的落脚点就是实现学生对主题和语篇理解的提升及优化。这样的一堂课，它把语言能力、思维品质、文化意识和学习能力都整合到一起，使得培养学生核心素养的目标能够落实，最终实现学科育人和知行合一的目的。

核心素养的六个要素都有机地整合在英语学习活动过程当中了，这就是我们所说的整合性的、发展性的、关联性的课程。基于英语学习活动观的活动设计，大概可以梳理出六个层次。

第一个层次，围绕主题创设语境，激活已知，提出问题。问题既可以是教师提，也可以让学生提。基于这样的一个主题，你想知道什么？你想更多地了解哪些方面的信息？其实学生就可以把自己已经知道的和想知道的东西都激活起来，为学生进一步获取新的信息奠定了非常好的基础。

第二个层次，在这个基础上，我们根据所提出的问题，来获取新知识，弥补之前零散的、不完整的甚至可能有一定偏差的认识，在梳理细节信息过程中获取新知。

第三个层次，在细节梳理的基础之上，进入到概括、整合、重组信息的环节，并形成新的知识、新的知识结构，或者新的概念。从而对这个主题有一个新的认知。

第四个层次，围绕主题和所形成的新的知识结构，开展语言实践活动。这个语言实践活动就是对于语言与所获得的关联信息进行整合性的阐述、输出、表达，然后通过这些不同形式的活动，来内化语言。这其实像语言学习的过程，由感知、体验，然后逐步从外部向内部转化。

第五个层次，在内化语言的基础上，我们开始分析语言结构和进行语言形式与主题意义的关联。过去我们在孤立的、脱离语境的情况下来学习语言点，那么在新的活动观下，语言学习都是基于具体的语境的，我们分析语言结构、表达方式，或者具体词的选择和使用，看如何能够更好地表达和表现主题，也就是在情境中去感受语言的使用，加深理解和欣赏语言。这就引导学生从表层学习走向深度学习。同时学生还可以基于这个结构和形式，来进一步地理解、评价作者的态度，以及语篇背后深层次的内涵。

第六个层次，迁移创新的活动，鼓励学生将所学的知识和能力，迁移到新的生活情境中，用于解决真实的问题。在这个过程中，老师需要创设一个真实的情境，基于这个要解决的问题，学生运用所学的语言以及前期整合出来的知识结构与文化方面的知识，来学会理性地表达个人的观点，体现多元思维和正确的价值判断。

第三节 体现活动观的教学案例展示

在这次的课程标准修订中，我们在每一条教学建议的后面都附有具体的教学案例或小片段的教学案例，同时在整个课程标准的附录中，还附了完整的教学案例，也就是一整节课甚至两个课时的完整的教学案例，这样能够更好地体现以主题意义为引领的六要素整合的活动观的实施过程。这些案例都是在一线教师实践的基础之上提炼总结的。在实施当中，我们都已经看到了他们的实施成果，看到了学生自主学习能力的表现，看到了学生在整合意义探究的情况下能够更好地投入到学习中的情况。学生的语言得到了发展，思维品质与文化意识的培养，特别是育人方面也得到了很好的落实。

这里给大家展示两个案例。案例一包括文本分析、学生分析、教学目标、教学重点及难点、教学过程和板书设计。案例二，主要包括文本分析、教学目标。然后我们看一下老师上课的 PPT 以及所使用的板书。

第一个案例是课标里引用的。第一个部分是语篇研读。我们来看这个语篇，它的主题是人与社会，涉及科学家和科学研究。语篇类型是介绍性的阅读篇章。按照我们刚才讨论的第三条教学建议从三个方面来进行语篇的研读，即 what, how, why。

【What】本课主题为科学家，是一篇介绍科学家的阅读文章。该文章介绍了医学科学家 John Snow 从发现霍乱成因的问题中提出假设，选择调查方法，搜集和分析数据，寻找支持证据，直到最后得出结论并提出解决方案的整个过程。

【How】文章按照科学研究的步骤和时间顺序展开。重点词汇主要涉及疾病、治疗、病因等，如 defeat, physician, expose, cure, suspect, blame，句式涉及有关科学研究步骤和具体方法等，还包括有关 John Snow 的为人品质的描述。

【Why】学生通过本篇文章的学习可以体会到在霍乱防治领域作出过突出贡献的医学科学家 John Snow 的正直、严谨的品格和科学的态度，同时可以联系自己的情况，思考如何做正直的公民与严谨治学等。学生还可以从中学会怎么样去作研究，也能体会作研究的科学精神，从而达成育人目标的落实。

下面是这位老师的学情分析：

该班学生英语基础比较好，学习态度也比较认真，学习热情很高。学生已经基本具备在阅读中获取细节信息的能力，部分学生能用英语自信地表达自己的观点。但是多数学生在理解和整合知识、逻辑推理和分析论证观点以及批判评价方面的能力还比较欠缺。

我们看到教师在学情分析时，既看到了学生的优势，也看到了学生存在的不足。学生虽然对著名的科学家及其贡献有一定程度的了解，但是此前所了解的信息并不系统，对于科学研究的步骤了解得也不够全面，对于科学精神缺乏深层的理解。特别是，学生对于霍乱以及对 John Snow 这位科学家比较陌生。这个学情分析既有对学生整体能力的分析，也有对学生学习本课时一些知识不足的分析，那么这些不足可能成为这节课学习的重点和难点。在此基础之上教师就设计了教学目标，一共有五条。这五条教学目标都是从学生的实际出发来进行设计的。

第一条，梳理文中有关 John Snow 本人以及他调查并阻止霍乱蔓延的事实性的信息。第二条，在此基础之上学生就需要去概括、整合并阐释 John Snow 为阻止霍乱蔓延所采取的步骤是什么。第三条，通过这些事实进一步推断 John Snow 作为科学家的优秀品质，并且进行举例论证。基于这些目标我们看到学生薄弱的地方都是教师在教学当中特别关注和培养的地方。第四条，以 John Snow 战胜霍乱的事件和他的优秀品质作为依据，来模拟答记者问，让学生把本课所学的内容通过答记者问的方式进一步内化，并且能够进行初步的语言输出和运用。第五条，总结。优秀的科学家不仅要有科学精神，还要有爱心和对社会的担当，这是对整节课育人部分的总结。学生需要自己去总结科学家的精神，并不是由教师告诉他们。

这五个教学目标都具有可操作性，同时也具有可检测性，而且都是通过学生的学习活动来呈现的。当把教学设计成教、学、评三者统一到课堂的时候，这才是我们的教学。活动设计是为了教师通过教学活动把学习的内容转化为学生的知识和学习能力，同时有教就有学，学习是发生在学生身上的。我们在教学活动设计的时候，要思考每一个环节，比如哪一项教学活动具体落实哪一条目标，这样就有非常清晰的方向。教学目标落实的程度怎么样，如果落实得不够完整，或者出现了困难和问题，可能就需要去做一些弥补性的工作。所以所有的教学目标都应该和整个教学活动设计以及学生落实的情况紧密联系在一起，也为教师对自己的教学作出调整提供依据。教师不仅仅关注教，同时要特别关注学生学得怎么样。

基于对文本的分析、对学情的分析，教师需要确定教学重点。教学重点就是通过阅读获取有关 John Snow 研究霍乱的起因及其过程的事实性信息，合理推断出科学研究的步骤以及科研的精神。这是思维培养方面的重点，也是学习内容的重点。难点是以 John Snow 战胜霍乱的事件和他优秀的品质为依据，模拟答记者问，总结出科学家的优秀品质。对于科学家的优秀品质，学生虽然有一定的了解，但是不系统，不完整。

课程标准里面引用这个案例是有一个完整的教学过程描述的，我们在这里只是看大致的过程。首先是导入主题，激活学生已有的关于解决问题的认知经验，也就是说学生对霍乱、对 John Snow 已有的认识。学生可能知道得并不多，教师至少可以通过图片或者视频作背景知识介绍。第二步，学生通过阅读就能提取有关 John Snow 和霍乱的背景信息和基本的事实性信息。第三步，梳理细节信息，概括出他的研究过程，学生可以在阅读过程中借助工具书解决问题，同时这也是对自主学习能力的培养。在获取信息的基础上，学生要描述和阐释 John Snow 解决霍乱这个问题的所有的研究步骤，在这个过程当中要实现语言和信息的内化过程。第四步，在这个基础之上，就可以引导学生去发现并深入地理解 John Snow 的科学精神，重点理解他与众不同的人品和优秀的科学家品质。因为他本来可以在皇家享受非常富裕的生活和轻松的工作，但是他却选择了到伦敦市区霍乱发生的地点开展深入的研究，这就是他与众不同的优秀科学家的品质。第五步，在概括总结所学语言的基础之上，通过新闻发布会的活动帮助学生巩固并整合所学的语言内容，学会得体地提问。因为学生要组织新闻发布会，肯定就要会提问，同时也要学会怎么得体地回答问题，站在主人翁的角度去思考 John Snow，体会当时 John Snow 阻止霍乱的举动和严谨的科学精神。这样学生会进一步提炼他的品质，思考自己怎么能够学习这样的品质，实现迁移和创新。

　　我们看到每一个教学过程都跟教学目标有一定的关联，每一个教学活动都可以和目标相对应。一个活动落实得怎么样就为我们下一步活动奠定了基础。整个课堂的板书设计是按照 who，what 和 how 的结构，梳理出科学研究的大致的知识结构。

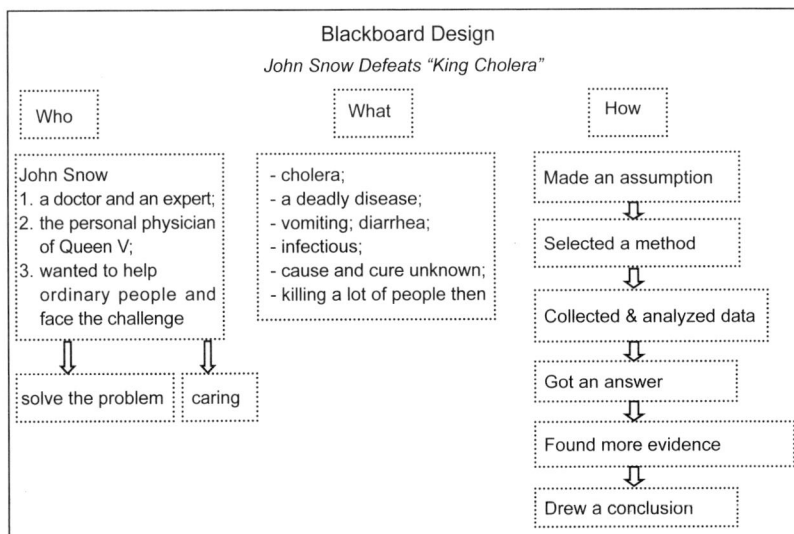

图 7　John Snow Defeats "King Cholera" 板书

首先看 who，即 John Snow 是个什么样的人。我们看到，一些具体的细节信息通过让学生梳理，建立起信息和信息之间的关联。然后 John Snow 选择去解决问题，表现出他对人民、对医疗方面的关注。what 就是发生了什么事。霍乱一开始是怎样发生的，它有哪些症状，有哪些影响等等，通过对这些信息进行梳理，学生就可以描述霍乱是一种什么样的疾病，它具有怎样的严重性。为了解决这个问题，John Snow 采取了什么样的科学研究的步骤和方法，所以这就是 how。从假设开始，选择一个研究方法；去观察，去搜集数据；找到答案之后，接着找更多的证据；最后才得出结论，基本是这么一个过程。所以这样的板书是在学生梳理信息之后，教师和学生的互动中建构完成的，很好地体现了这一节课学生需要学到的结构化的知识。特别是关于科学研究的每一个步骤，都是通过 John Snow 具体的研究过程来展示的。这节课的教学设计应该说很好地体现了整合性英语学习活动观。

我们来看一下第二个案例，这是一位教师在教学实践中尝试过的体现了英语学习活动观的教学设计。该案例也是基于主题和内容，从文本解读开始的。

【What】本文通过阐述克隆技术的定义、用途、过程和存在的问题等，引出对克隆人的思考和对克隆技术的争议，最后呈现了不同的人、组织与国家（如：evil leaders, religious leaders, governments, China and UK）对克隆人的不同看法和对克隆技术所作出的反应。这篇文本大致的主题和内容就是这样，属于阐释性的说明文。

【Why】作者希望通过本文引发读者辩证地思考人类对克隆技术的开发与应用。

【How】这个文本是怎么组织的？文章属于阐释性说明文，前四段是对克隆技术的客观描述，各段分别围绕克隆的定义、作用、过程、多利羊的问题展开。最后一段在客观事实的基础上，引出对克隆技术的争议和不同的考量。文章结构清晰、段意鲜明。如，第二段开头 Cloning has two major uses. Firstly, …；Secondly, … 有助于学生迅速寻找关键信息。第三段和第四段分别采用 on the one hand 和 on the other hand 的句式，引导出不同的人对克隆羊多莉的不同看法。

教师对文本的分析也为设计教学目标、教学活动奠定了非常好的基础，所以他设计了四项教学目标。By the end of this lesson, students will be able to: 1) summarize the major information about cloning using a mind map (definition, uses, procedures, problems, etc.); 2) identify different views about cloning and share their understanding about these views; 3) express their own views about cloning based on critical thinking; 4) become aware of the social responsibility everyone including scientists should take.

第一个目标就是让学生用思维导图来梳理、归纳、总结主要信息，这里面包括定义、使用、步骤和问题等。第二个目标就是学生通过阅读去辨识人们对克隆技术不同的观点，并与同学进行分享。为完成这个目标，学生就要去阅读，去梳理、整合、提炼信息。第三个目标就是表达。学生需要基于前面所获取的信息，通过批判性思维整合信息，进行分析、评价，然后有理有据地表达自己的观点。第四个目标是落实价值观培养。让学生意识到自己，包括所有的科学家在内，都应该承担的社会责任。

这四个目标也是具有可操作性的，特别是前面三个目标（总结、辨别与表达）。第四个目标（价值观）是一个体会的过程。前三个目标都是以学生的活动作为切入点，所以这样的教学目标就具有可操作性。同时从设计来看，这样的教学目标并没有非常清晰地说明哪一个是思维目标，哪一个是语言目标，其实四个素养是融合在一起、密不可分的。在教学目标设计上，我们尽量要和后面的活动设计以及评价设计相结合，把教、学、评这三者统一起来。另外，我特别想再一次强调的是，在这样的目标设计上是很难把同样的目标迁移到另外一个语篇上去的。前面我们也讲到了教学模式化的问题，像我们以前制定教学目标常用的语言就是"获取主要信息"，或者"获取细节信息"。这样的目标没有具体针对某一个语篇，没有真正关注主题意义与内容，只关注了形式。现在，基于核心素养的教学目标都要根据主题内容来定，所以它不可能被迁移到另外一个语篇里面去用，因为本教学目标是专门针对克隆技术这一特定的文本的特点来设计的。

下面我们就看一下课堂的 PPT 和板书设计。前面我们也讲到了关于信息技术使用的问题，特别提到过度使用 PPT 的现象：一堂课 40 分钟，有的老师会设计并使用将近 30 张 PPT。课堂上老师基本上就以翻 PPT 为主，每一个活动都以一张 PPT 来呈现答案。所有教学活动的指令都会写到 PPT 上面，甚至包括 pre-reading, while-reading, post-reading 这一类话语。其实在我们真正使用 PPT 的时候，这些是没有必要写在上面的，可以在日常的课堂上慢慢地让学生熟悉。如果都写上去的话，教师就会更多地以读 PPT 为主，继而忽略了课堂上跟学生互动与倾听的机会。

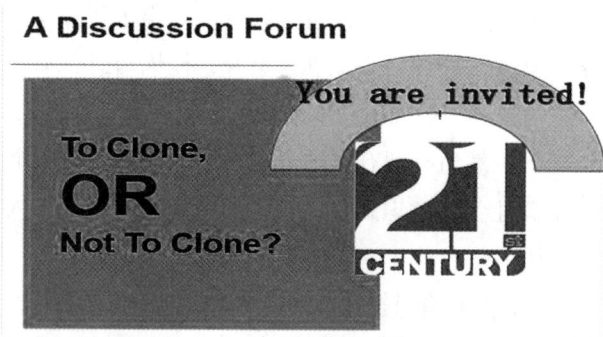

图 8

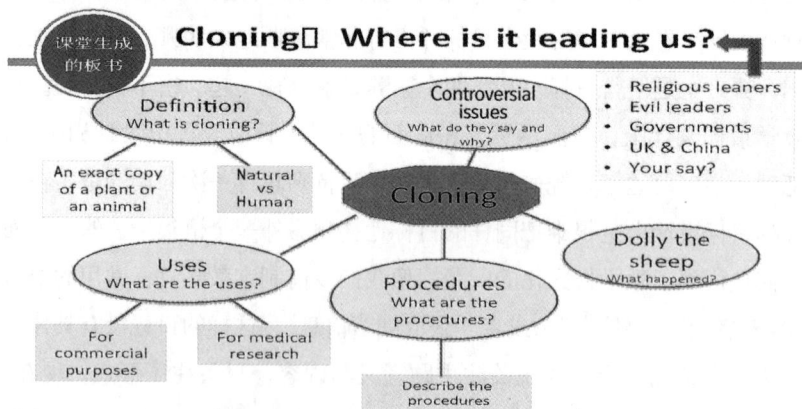

图 9

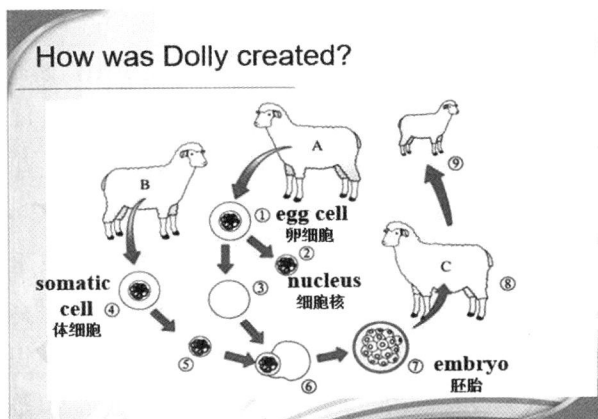

图 10

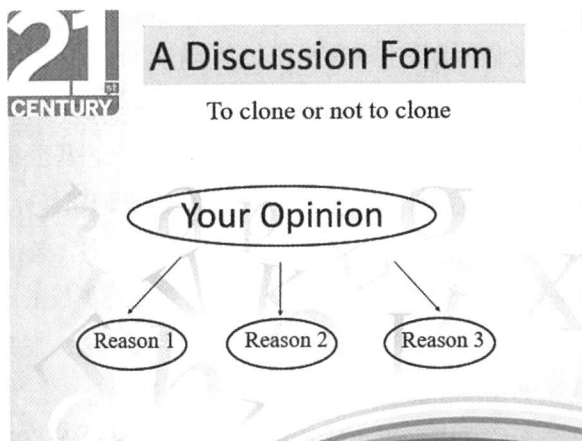

图 11

Science is a powerful instrument. How it is used, whether it is a blessing or a curse to mankind, depends on mankind and not on the instrument. A knife is useful, but it can also kill.

Albert Einstein

图 12

如果我们采用对话式的教学，就是跟学生去探讨，然后让学生去做，那我们的课堂就成为意义探究的过程。本案例中，该教师针对克隆这节课的设计，只用了四张 PPT（见图 8、图 10、图 11、图 12），加上一块板书（见图 9）。板书其实是整个课堂里面师生互动共同建立起来的。第一张 PPT 是创设情境，这个情境是 "To Clone Or Not To Clone?"，题目就是 "You are invited."，或者说学生被邀请参加这样一个论坛。那么如果学生要参加论坛，他们的已知是什么？对于克隆技术知道多少？现在的观点是什么？学生这个时候的认识是不完整的、零散的，甚至没有很多的证据来支持自己的观点，只是比较主观的一些想法。没有关系，我们在一开始就可以把学生已知的东西激活起来，所以老师就利用板书把 Cloning 写在中间，然后与学生进行互动，逐步生成板书，黑板上渐渐出现了学生已知的一些单词和表达方式，教师不断补充进思维导图里面。之后学生进一步阅读课文，获取文中的信息，这时就会对自己以前的知识进行补充，甚至纠偏。学生通过分段阅读和分部分阅读，运用思维导图，进行问题探究，并梳理、归纳、总结主要信息，然后与老师在互动中形成板书，老师把克隆的 definition, uses, procedures, controversial issues 等写在黑板上。老师依据 procedures 做成第二张 PPT，并在板书过程中呈现了这一张 PPT。然后学生依据这张 PPT，分成小组来看一下克隆的过程是怎么发生的，以及这只羊是怎么培育出来的。对于某些关键词，老师给了注解或是中文解释，学生就可以依据这张 PPT 把整个过程描述出来，然后重新回到这个板书上来讨论多利羊的问题，进一步引出争论——到底应该不应该克隆。这就将学生的理解引向深入：为什么人们会有不同的观点和方法？他们的初衷是什么？

最后回到标题 "Where is it leading us?"，然后就是 "To Clone Or Not To Clone"。这个时候老师打出第三张 PPT，说，现在我们把文本梳理清楚了，如果我们参加这个论坛，你们分成小组，开展小组活动，每个小组的人要选择自己的态度去论证并阐述自己的观点。第三张 PPT 就是在小组活动的基础之上，学生们从小组的角度发表个人见解，有支持的，有不支持的，每个人、每个小组都有自己不同的观点和态度。然后老师提出问题：我们到底是应该克隆还是不应该克隆呢？这时候学生就要思考了，可能我们思考的不是一个简单的"要还是不要"的问题，而是要进一步思考使用克隆技术做什么的问题。

学生经过讨论，老师呈现第四张 PPT，是爱因斯坦的一段非常重要的名言："Science is a powerful instrument. How it is used, whether it is a blessing or a curse to mankind, depends on mankind and not on the instrument. A knife is useful, but it can also kill."（"科学是一种强有力的工具，怎样用它，它对人类来说是幸福还是灾难，全取决于人类自己，而不取决于工具。刀子是有用的，但它也能杀人。"）应该说是高度提炼了这一节课学生应该认识到的问题。也就是说给人类带来幸福还是灾难的其实不取决于技术本身，而取决于使用技术的人。当学生把这段话读明白了，就已经高度理解了本节课的观点。学生应该辩证地去思考克隆这个问题，然后回归到课堂本身，回归到学生自己的将来。不论是现在的科学家还是未来的科学家，都需要去思考自己对于社会、对于人类所承担的义务和责任。这样就使得整堂课都是围绕着 To Clone Or Not To Clone 这个问题，启发学生怎么辩证地认识这个问题，最后升华到如何去认识世界，去解决问题这样一个方向。

其实很多的问题可能没有最终的唯一的答案，但是引发学生辩证地去思考问题其实就是育人非常重要的内容。我们在这一章重点关注了教学建议，其实也就是关注在课堂教学当中如何去落实核心素养的目标，落实立德树人的目标。关键是所有的教学目标都需要通过课程内容和活动设计才能落到实处，所以在教学建议中我们强调教师要去关注目标设计，关注语篇研读，关注六要素整合的英语学习活动观。怎么去认识和设计活动？它们的特点有哪些？基于这样的英语学习活动观的教学有哪些特点？我们需要所有的老师去思考，去改变过去碎片化的教学方式，从深入研读文本入手，关注主题意义，依托语篇整合语言知识和文化知识的学习，通过听、说、读、看、写这些技能的活动来内化学生所学的知识，发展他们的思维；通过分析、比较、评价等活动，发展学生的语言能力，同时提升他们的思维层次；引导学生在这个过程中形成正确的价值观和人生观，从而确保核心素养的培养能够落实在课堂当中，落实在学科教学当中。

第六章 如何进行课堂评价？

本章我们讨论如何进行课堂评价，准备谈四个方面的内容：第一是课程标准在教学评价方面提出了哪些要求；第二是课堂教学评价有哪些重要意义；第三是如何开展课堂形成性评价；第四是课堂终结性评价应该注意的问题。

第一节 课程标准在评价方面提出了哪些要求？

教学评价是一项非常重要的工作，是学校教育教学工作中的一个重要环节。科学的评价会促进教育教学工作的顺利实施，不科学的评价会妨碍教育教学工作的健康开展。

这些年我们经常会遇到这样的问题，例如围绕如何评价一所学校办学质量的高低，什么样的课堂是高质量的课堂等等，经常会有一些不同的观点、不同的结论，这说明评价的标准出现了问题。的确，围绕办学质量和课堂教学水平存在一些极端功利的倾向：一切围着分数转，围着高考转。这类现象妨碍了课程改革的顺利推进，影响了素质教育的健康实施。

这次课程标准修订时，针对这些问题采取了一些措施，提出了一些新的要求。课程标准指出，教学评价是英语课程的重要组成部分，目的是促进英语学习、改善英语教学、完善课程设计、监控学业质量。科学的评价体系是实现课程目标的重要保障。我们可以用 12 个字来概括一下这段话的核心意思，那就是"以评助学、以评促教、教评统一"。英语课程标准还针对教学评价提出了具体的要求，提供了实用的案例，对于我们今后理解和实践新的课程标准具有重要的指导意义。

提到评价，我们难免会想到考试。但是考试和评价是两回事儿。针对考试和评价的定义可能有不同的版本，但是基本的意思是清楚的。考试是通过书面检测、口头提问或者实际操作等方式来考查被试者所掌握的知识与技能等方面的情况；而评价是通过观察、测验和咨询等方法，对被评价的对象进行分析、研究和评估，从而确定被评价对象的价值、状态和水平，为作出某种决策服务。可以这样来梳理一下考试和评价之间的关系：考试为评价提供信息，提供数据，它是评价的一种途径，但考试本身不是评价；评价可以依据考试的成绩，但也可以依据其他的信息和途径。

例如，当一位教师说"某某同学英语学习进步很快"，这是对这位同学的英语学习进行了肯定和鼓励的评价。那么这种评价的依据是什么呢？肯定不单纯是依据英语考试成绩，可能还有在课堂上思维活跃，主动提问，积极与同桌或在小组内开展对话，在课外积极开展阅读等一系列的行为表现才得出这样的结论。也就是说，这位教师的评价不单纯是依据考试结果，还有多种其他可能的表现和信息依据。

英语课程标准围绕教学评价提出了六个方面的要求。第一条要求是突出核心素养在学业评价中的主导地位。这是说教学评价评什么及内容是什么。第二条是突出学生在学业评价中的主体地位。这是说谁来评。不仅是教师，学生也是评价的主体。第三条是关注教学过程，通过英语活动来实施评价。这一条显然说的是如何评，是途径、方式，强调评价要和学习活动相结合。第四条是注重评价方式多样，合理开展形成性评价。这是对评价方式和途径的进一步说明。第五条是正确处理日常评价与阶段性评价的关系，这也是说评价的方式和途径。最后一条是达成评价为教和学服务的目标。这显然是说评价的功能和目的，即为教和学服务。课程标准提出的这六条原则要求为英语教师在教学中如何开展评价描绘了一个完整的画面：既有评什么，又有谁来评，又有如何评，还有为什么评。这就为今后我们开展教学评价活动提供了依据。

　　既然要谈课堂评价，那就先谈一谈和课堂教学评价关系比较密切的几个方面，再深化一下认识。

一、突出核心素养在学业评价中的主导地位，着重评价学生的发展与成长

　　在课堂上评价什么以及如何评价是非常重要的。我们经常说考试、评价是"指挥棒"，但实际上课程标准才是"指挥棒"。把评价理解为"指挥棒"也可以，但是前提是评价理念、内容以及方式和课程标准的要求要高度一致。我们常听到这样的说法："考什么就教什么，怎么考就怎么教。"尽管这种说法是偏见，但听起来理直气壮而且它很有市场。不得不承认，这种言论真实地反映了考试评价的影响力。这些年来，错误的教育质量观和评价观主要表现为把考试成绩作为唯一追求，严重影响了素质教育的实施，影响了青少年学生的身心健康。修订后的课程标准提出核心素养目标，全面系统地阐明了英语课程的价值取向，要求围绕语言能力、文化意识、思维品质、学习能力四个维度开展教学和评价活动，是英语课程建设的新境界、新高度。课程标准还增加了学业质量标准，同时把必修课的内容要求适当降低，课堂评价就应该围绕着这些新的理念、新的规定来开展，最重要的是围绕语言能力、文化意识、思维品质、学习能力这四个维度来开展教学和评价活动。对于课程标准的这些变化，需要我们特别地加以重视。

二、突出学生在学业评价中的主体地位，关注学生的全面发展和进步

　　"学生是学习的主体，也是评价的主体"，这是课程改革的重要理念。学生成为学业评价的主体，依据课程目标对自己的学习和发展状况进行判断与评估，有利于学生自我认识，自我激励，主动发展。我们往往以为评价就是教师的事情，其实这是误解。在近年来的课程改革中，学生的自主学习和自主评价能力的发展并不理想，原因是教师没有认识到学生是学习和评价的主体，上课往往讲得太多，包办太多，占用了课

堂大部分时间乃至全部时间，从而导致学生自主反思、自主评价、自主调控、改进学习策略的时间受到了挤压。这也是多年来课程改革中做得不好的主要方面之一。各地教育行政部门、学校都在试图改变这个状况，但是效果并不理想。这次课程标准在修订时对这个问题特别重视，提出了一些明确的要求，如引导学生形成主动反思学习过程、改进学习策略的意识，指导学生使用适当的评价方法，把学生自主评价与学生之间、师生之间的互动评价相结合等。提出以上这些要求，目的是要改变学生不能自主学习、不能发挥评价主体作用的现象。

三、注重评价方式的多样性和合理性

评价有多种方式和途径，也有不同的表述，我们经常接触的是形成性评价和终结性评价。那么，什么是形成性评价？形成性评价是指在教学和学习过程中收集信息，并根据信息来改进教学、促进学生学习和发展。实际上就是教师、学生，或者是其他参与课堂教学活动的人员，对教师的教、学生的学进行监控、观察、反思、调整。我们把这种关注过程的评价定义为形成性评价。终结性评价是在某一个相对完整的教学阶段结束之后，对整体教学目标的实现情况与程度作出评价，例如一节课、一个单元、一个学期或者一个学年结束以后（当然这是相对而言）。这些终结性评价也可以发挥形成性评价的功能。

形成性评价和教学活动是密不可分、相伴而生的，它不是孤立的环节。终结性评价要注意的问题：一个是要目标明确，即为什么要评；第二就是要综合评估学生的各种素养；第三要注意频度。我们平时会见到一些过度使用评价和滥用评价的现象，例如天天考、周周测、月月评等，这些是必须警惕及规避的。英语课程标准还提出：无论是形成性评价，还是终结性评价，都要尽可能少地甚至不用高考的考试形式来开展评价。这一点对我们是很重要的提醒。

第二节　课堂教学评价有哪些重要意义？

课堂教学活动主要由教、学、评等活动构成。一般说来，教师对教和学的活动意义不难理解，但对于"评"的认识则往往不够清晰准确。"评"是教师、学生或其他参与者依据教学目标，反思教和学的过程，检测教与学的成效，调控教与学的行为，确保教育教学目标的落实。课堂评价也可分为形成性评价和终结性评价。

那么，课堂教学评价有哪些重要意义？

一、课堂教学评价具有导向功能，可促进课堂教学改革和教学效益的提升

课堂教学必须依据课程标准。每次课程改革，课程标准都会提出一些新的观点和要求。例如，本次课标修订提出了核心素养目标，增加了学业质量标准，适当降低了必修课程的要求等，课堂教学就应该有所体现，评价标准也应依据这些要求编写。这就是发挥评价的导向功能。对教师而言，对课堂教学的行为和效益实施评价，可以促进教师树立正确的教育教学理念，自觉把握教育教学规律，根据学生的基础和需求组织教学活动，在课堂教学中更好地树立教育创新意识，不断提高课堂教学质量。对于学生而言，来自教师的评价和他们的自我评价有助于他们及时反思和调控学习行为，改进学习策略，进行有效学习，不断迈向更高的目标。对课堂的教和学进行综合评价，就是要判断课堂上所有与教和学相关的因素是否能整合协调，朝着有利于学生发展的方向运作。这就是评价的导向功能。

二、课堂教学评价具有激励功能，可以促进教师和学生朝着各自的发展方向健康成长

我们说课堂教学的能力和水平是教师职业立足的基点，作为教师总要千方百计地提升自己的课堂教学能力，提升课堂教学水平。那么通过与同伴、与专业人员进行交流，通过评价标准和评价实践来了解自己在课堂教学中的优点和缺点，明确发展方向，激发内在需求和动力，这就是在发挥评价的激励功能。在教育教学中，很多教师都是通过课堂教学活动、教学评价和反馈得到了激励。我国教育传统中长期存在的伙伴教研机制、听评课制度、课堂教学观摩和研讨等活动，都对教师的专业成长发挥了非常好的激励作用。每年都有大批的优秀教师从各个层面的课堂教学展评和观摩活动中脱颖而出，成为后来的教学能手，这就是激励作用的证明。

对学生而言，课堂评价能促进他们发现自身的优势，激励他们相互学习、发扬优点、弥补缺陷，实现更大的进步。我们经常会遇到这样的情况：学生常常会因为教师的鼓励或肯定，而喜欢上这位教师和这位教师所教的学科，从而影响了他一生的职业追求方向。我看到一个资料，说的是著名企业家马云，他在小学的时候受到了英语老师的表扬，说他英语读得好，发音好，于是马云受到了鼓舞，从此更加喜欢英语学科，从小学到中学，英语一直保持着优异的成绩，后来他考上了大学的英语专业。这也可以说是英语老师肯定和鼓励性的评价，对马云的英语学习产生了重要的影响，进而又对他一生的事业产生了重要的影响。这也是评价给我们的启示，它的激励作用是非常显著的。

三、课堂教学评价具有鉴定和服务决策的功能，是教育管理工作的重要组成部分

我们知道，课堂教学评价在学校的各种评价体系中具有核心的地位，因为通过开展科学有效的课堂教学评价，教育管理者能够鉴定教师的教学态度、工作能力和业务水平，能够诊断影响教师课堂教学水平的内在和外在因素，以便能够采取措施来促进教师的专业发展，改善课堂

教学的环境，使管理更加系统，决策更加科学。

课堂教学评价还是课程标准与教材编写的依据。课程标准是教学的主要依据，教材是教学的重要参照和媒介。课程标准和教材的编写都要基于教学实践，为教学实践服务，同时也要接受教学实践的检验。通过课堂教学评价能发现和判断课程标准与教材是否能够满足人的发展以及社会发展的需求。当下，各个国家都希望通过课程改革实现育人的目标，对核心素养目标的追求已经成为世界性的趋势。那么，课程内容是否适应学生核心素养的发展需求？课程内容有多个维度，语言知识的呈现是否符合学生的认知规律？文化知识方面的内容是否容纳了多元文化？课标建议的教学途径是否适应中国语境，适应学生的生活？说到此，我们的教学方式、方法不能一味地照搬外来的模式，要适应中国的国情，要联系学生的生活实际。例如，在英语作为外语学习的国情下，适当的句型操练和适当的课文记诵都是必要的，不能绝对地说操练与记诵没有意义，实际上这种操练与记诵是为有意义的运用打基础的，是语言素养的铺垫。

再说教材。我们的教材内容是否传递了积极向上的价值观念？我们的各个教材编写部门都在朝这个方向去努力。那么在课堂上，社会主义核心价值观是不是得到了充分的体现？教材语篇的文字风格能否对学生产生积极的感染力？教材选文必须要经典，必须易于学生对语言的内化，从而形成语言能力。我在一些场合和很多学者进行交流时一再建议增加文学作品的比重，是因为文学作品特别是经典文学作品内涵丰富，表达形象，对学生学习语言有极大的帮助。目前教材中文学体裁的语篇太少了。虽然对这个问题研究者也有一些不同的看法，但我还是建议大家思考如何增加教材中文学语篇比重。

再比如说，教材的信息量以及思维训练的空间是否足够？一篇英语课文，如果它的知识与内容过于为人熟知，只不过是用英语来撰写的，那么它的信息量和思维训练的空间就狭小了。还有时效性太强、很快就过时的文章对学生的思维锻炼也是不利的。所以大家经常抱怨，说现在用的课本里有些文章太陈旧了，这也是为什么很多优秀的教师尝试把课外的资源和教材的资源整合起来的原因。可以肯定的是，我们的课堂教学评价能够对课程标准和教材里出现的问题作出判断，然后反馈给有关部门制定应对办法。当然，教材编写人员更要提前作出预判，在编写时就要考虑到今后使用过程中可能会出现的问题。总之，课堂教学评价不仅能反映教师教学能力和学生学习状况，还能反映课程标准和教材编写的科学性、可操作性等方面的问题。这就是课堂教学评价发挥的鉴定和服务决策的功能。

综上所述，课堂教学中的评价有助于反馈信息、强化认知、激发动机、激励情感以及引领价值观念，发挥促进教师有效教学和学生有效学习的重要作用，也是教育管理和教育决策的重要依据。

第三节　如何开展课堂形成性评价？

上一节我们谈到，形成性评价不是孤立的环节，而是和教学活动紧密相连、结伴而生的。根据这样的特点，提出以下几点建议。

一、教学和评价指向核心素养

课堂是学生学习和成长的主要阵地，课堂的生态水平决定了学生成长的高度和质量。这在客观上要求教师在核心素养目标之下，重新定位教学和评价理念，实现几个方面的转变：

第一个转变就是从关注教到关注学。所谓从关注教到关注学就是首先要关注学习的规律，关注学生的需求。第二个转变就是从关注学生的考试成绩到关注学生素养的培养。这并不是说成绩不重要了，也不是说成绩不值得关注了，而是说要关注学生全面的发展，关注学生核心素养的形成。第三个转变是从标准答案到多样性答案，要关注学生的多元思维、批判性思维、创造性思维的培养等等。第四个转变就是从重学习结果到重学习过程。过程也是结果，积极的学习过程就是积极的学习结果。第五个转变就是从重甄别性评价转变为重发展性评价。评价的目的不是为了给学生排队，不是一味地为了划分等级，而是要促进学生的自我发展。

课堂教学与评价以学生发展核心素养为目标，并不是说每个教学环节中都要体现核心素养的所有要素，但是必须从细节做起，在过程中体现。刚才提到关注学、关注素养等，如果教师在课堂上充分重视学生自主学习能力的培养，善于引导学生运用学习策略（如主动预测语篇意义、积极回答开放性问题、善于归纳语言规则等），并在教学过程中随时观察这些策略使用的效果，及时提出改进建议，就靠近了教学目标，就有利于核心素养的形成和发展。对于高中学生而言，自主学习能力的培养具有关键性意义：促进他们的思维发展，实现深度学习；培育以学生为主体的课堂文化，使学生主动探究、发展自信，形成健康的学习态度和习惯等。所以评价课堂教学，学生自主学习过程是一个关键的关注点。

培养学生自主学习能力这一目标在以往的课程改革当中都有体现，但是实践效果并不明显。尽管如此，有些认真开展课程改革的教育者还是会把培养学生自主学习能力放在首位，并尽量去尝试、去努力。有位知名的教育改革家魏书生，他就坚持在课堂上讲课不超过20分钟，其他时间都是学生自主学习、合作探究等等。有一些课程改革力度比较大的学校也采取类似的做法，比如要求一堂课教师的讲课时间不超过15分钟、20分钟等等。这种要求听起来是教条、机械的，不一定适合所有的课堂任务，但其指导思想是明确的，那就是尽量给学生留足自主学习和发展的时间。我们要通过评价，引领以学生为主体的课堂文化，使学生主动探究，发展自信，形成健康的学习态度和习惯。

评价课堂教学，如果把学生自主学习这个关键的关注点把握好了，就有利于发现和解决深层次或核心的问题。实际上，未来的课程改革与教学评价必须在自主学习能力的培养方面作出更加积极的尝试，首先要从改变"满堂灌"、教师包揽一切的做法开始。

二、在课堂教学设计中作好评价设计

教师上课总要进行课堂教学设计。所谓教学设计就是在分析教学需求和问题的基础之上，基于教学目标对教学步骤和教学方法作出的安排。这样的安排与设计需要通过评价和反馈来检验实施的效果。我们不能单纯地认为作了一个教学设计，逐条地列出来就可以了，而必须从评价的角度作好相应的活动安排。教学设计中应该关注和反思的问题如下：

1. 这节课的教学目标怎样体现单元整体教学目标？一节课的目标必须是为实现整体教学目标服务的，所以课堂的教学目标不能太笼统，不能太抽象。我们在现实当中经常会看到这样的课堂，即把教学目标表述为"发展学生的综合语言运用能力"或"培养学生的思维能力"。这样的目标与这个单元的整体目标有什么样的逻辑关系呢？一节课如何培养综合语言运用能力？如此设计就比较空、比较泛，就无法落实，就不能为单元整体目标服务。

2. 目标要求是否面向全体学生而又关注个体差异？也就是我们提出的目标要求应该考虑到各个层次的学生。在实际教学中老师们围绕这方面有思考、有探索、有尝试，例如确定层次化目标，设计选择性活动，布置差别化作业等。但总体上这方面做得还很不够。

3. 各教学环节对于实现本节课教学目标有何助益？也就是每一个环节是否有效。举例来说，如果教师在课堂开始讲了个笑话，逗得大家哈哈大笑，而这个笑话与本堂课的内容没有什么关联，这就不是好的环节。再如一堂语篇阅读课，如果首先从听力理解切入，或者从朗读切入，那么这些环节都是低效或者基本无效的。

4. 是否为学生设计了充分的语言活动或者任务情境？语言学习必须在语言活动中进行，通过社会情境中的语言实践来实现。我们刚才谈到在课堂上发展学生自主学习能力就是基于语言学习的实践性特点而讨论的。

5. 英语学习活动的设计体现了什么教育教学原理？例如：为什么一直提倡同桌或小组对话，提倡合作学习？因为同桌或小组活动是学生心灵之间的一种对接，是作为学习主体之间的一种互相成就。这种互动具有广泛的社会学、教育学、心理学基础。

6. 一节课结束时，应该以何种方式评价、反馈教学活动? 有的教师可能习惯于自己来总结，自己来说这节课大家学了什么、做了什么，这就不利于发挥学生作为学习和评价主体的作用，就不利于深度学习的发生。如果换个角度，让学生去思考、去梳理、去评论，效果就大不一样。

总之，我们要认真考虑教学活动设计的依据是什么，要及时跟进评价设计，然后作好各种应变的准备，打好每堂课的基础。

三、在教学过程中树立形成性评价意识

刚才已说到，形成性评价和我们的教学实践、教学活动是相伴而生，不可分离的。不过有的教师对这一点并不理解。有一位教师曾这样说：

> 对于学生自我评价而言，一节课40分钟，如果把学生自我评价放在课上，出于教学内容的完整性等因素的考虑，估计老师们连5分钟的时间都不舍得拿出来让学生反思；如果放在课下效果就一般，而且每科都要评价的话，时间哪里来? 这样反而增加了学生的负担，把评价反思这样的好事变成了负担。

这位老师认为评价是增加学习负担，显然是对评价还不够理解，特别是对形成性评价的意义不太清楚。需要说明的是，形成性评价和教学往往就是一回事儿。现在请大家看一看下面这段师生对话。

T: What kind of models are they?

Ss: Fashion models.

T: Right. Is Millie also a fashion model?

Ss: Yes, of course.

T: What other job does Millie do?

Ss: ... (沉默)

S1（举手）：She's a host.

T: Good. But a host is a boy. Is Millie a girl or a boy?

S2（举手）: I know. Millie is a hostess.

T: Perfect. How do you know the word hostess?

S2: Because I know "actor" and "actress".

T: Wonderful. Let's ...

这是平常课堂教学中的一个自然情景。这段对话是否存在评价因素？评价是如何实现的？细读一下，我们就会发现这位老师非常巧妙地通过积极的引导、激励性的评价、搭建知识支架、实施延时评价等策略来使得对话能够顺利地进行。一位学生把时装女模特儿 Millie 说成了host，此时老师先肯定了这位学生的答案 "Good"，然后口气一转："But a host is a boy." 继续追问："Is Millie a girl or a boy?" 他没有直接说："No, you are wrong." 这样做的初衷在于他希望积极引导，启发学生判定 host 这个词是否正确。学生果然受到了启发，另一位学生说出了 hostess。老师的评价是 "perfect"，进行了肯定和鼓励。然后进一步追问："How do you know the word hostess?" 以便观察学生思维的过程，学生的回答证明了他正确运用了认知策略。这个对话巧妙地融教学和评价为一体，教中有评，评价得当，使得学习活动顺利、高效完成。

说到在教学过程中树立评价意识，教师还要注意在组织教学活动时提出活动要求，设置评价标准，并把评价标准告诉学生，使他们活动有目标，评价有依据。我们以课标提供的案例中的一个语篇 John Snow Defeats "King Cholera" 为例。John Snow 是英国的医学科学家，他面对当时在英国经常肆虐的霍乱，一心想设法根治，挽救千万人的性命。

就如何控制霍乱的蔓延，他最初作了假设，并试图采取措施一一验证这些假设。第一种可能是通过空气传播病毒导致霍乱，第二种可能是通过饮食传播霍乱病毒。通过验证，他一步一步地发现，当地的人是饮用了被污染的水染上了霍乱。然后他采取措施阻隔污染水源，结果霍乱就没有再爆发。这个语篇讲述了一位科学家的伟大情怀与责任担当，告诉我们 John Snow 具备一位科学家应该具备的严谨的科学精神与态度。

我们在学习了这个语篇之后，可以要求学生写一篇类似的文章，做一个类似的调研项目：Find a problem in your daily life and work out a series of steps to investigate into the problem. 这可以说是一个深度学习的项目，希望学生关注社会生活，去发现他们周围那些难以根治的问题，提出解决方案。制订好活动方案之后要接着制订一个评价方案，来评价这次活动。例如：是否选择了一个社会普遍关注的问题？问题是否具有典型性？例如，该课题要观察的是当前的雾霾问题，那这就有研究价值，就有社会关注度，就非常典型，作为学生也可以做。学生可以调查雾霾的变化情况：在上班高峰期间是什么情况？在节假日是什么情况？可以作一些调研，制订一个方案。这些学习活动的环节都要跟评价环节相对应，需要经过评价来判定。

表 2　调研项目和评价活动

学习过程	评价内容
关注社会问题，确定研究课题	研究的选题是否典型？
设计研究过程，制订方案	研究方案是否具有可操作性？
借鉴 John Snow 开展研究的方式	研究方法是否顺应科学发展趋势？
搜集资料，准备素材	能否自主与合作研究相结合？
使用刚学会的表达方式	语言表达是否清晰准确？
使研究方案完整、严谨	整体方案是否有实用和借鉴价值？

在开展这项学习活动的同时，教师可引导学生自主开展评价，并根据评价印象作出调整和改进，使得学习活动和任务的完成一直方向正确，效果良好。

从现实情况来看，有些教师只管设计活动，但是没有提出要求，造成学生活动开展没有依据，评价也没有依据。英语课程标准提出要求之后，教师就要有这种评价意识，同时培养学生的评价意识和能力。

最后说一下关于进行及时、恰当的反馈。反馈是教学当中最具代表性的评价活动。要注意的问题是教学活动要关注：学生能不能达到这个教学目标？教师提出的问题是不是和正在开展的活动密切相关？提问之前是不是给了学生足够的思考时间、探究时间？学生不能正确回答的时候，是否还应该继续提问？有的教师问了一位学生，没有得到答案，就问第二位，第二位还回答不上来，就问第三位，这就是策略上的失误。其实首先要考虑的是学生为什么回答不上来。一般说来，回答不上来是因为信息把握不充分或技能训练不到位，教师有责任回到问题源头，再给学生更多的学习和准备的机会。有时，学生不回答问题不一定证明他不会。如果多名学生不能正确回答问题或不能参与活动，教师应反思任务难度，并及时调整。教师提问的时候还应该引导学生说出答案的依据，多问几个why，观察学生的思考过程，也观察学生的情绪表现，判断学习的成效。

我们有时候会发现这样的问题，就是课堂上一大批学生昏昏欲睡，没法集中精力听课。这时候，教师只是提醒他们注意听讲是没用的，很可能是你的教学环节出了问题，或者讲得太多了。还有，教师的评价语言应以引导和鼓励为主，教师要善于及时发现优点，肯定进步，唤起学生的积极情感，激发学习的内在动力。

上面我们讲的是课堂教学的形成性评价。概括一下，就是教中有评，评即是教。评价活动要真正发挥促进学习的作用，和学习活动相结合，不作无实际意义的评价，更要反对为评价而评价的繁琐程序。好的课堂往往难以区分哪是"学习"哪是"评价"，但让人感受到融教、学、评为一体，能让学生积极主动地参与课堂学习活动并且享受学习过程的内在魅力。

第四节　课堂终结性评价应该注意什么问题？

一、更多地开展以发展为目的的评价

课堂终结性评价，也就是说一堂课在结束的时候为了判断、评估它的成效要作出的一种评判。课堂的终结性评价要看它是出于什么样的

目的。如果是为了促进教和学的发展，那么它就要根据事实信息提出建议，进行改进。也有可能是为了甄别，旨在根据评价的结果对教师能力进行判断，以此作为晋级、嘉奖等的依据。我们要探讨的主要还是以发展为目的、促进教和学的评价。通过课堂教学进行观察、讨论、反思，让被评教师与学生的教与学的水平都能得到提高，提升课堂效益，促进师生的成长。

发展性评价可以从内部和外部两个方向进行。我们先来讨论内部评价。可以评价的内容很多。我们仍以阅读 John Snow Defeats "King Cholera" 这篇文章为例，学完之后评价学生的阅读策略：

Did you imagine the scene while reading the story?

Did you try to predict what John Snow would do next while reading?

Did you feel that you suddenly understood the cause of cholera?

Did you stop and underline important expressions?

Do you have a picture of what John Snow was like in your mind?

这个调查问卷不单纯是为了判断，而且是为了启发学生从这些方面去努力，包括阅读的时候对文章中的一些重点表达方式（包括学生喜欢的表达方式）的关注，暂时还没有理解透彻的内容要画线标注以便下一步关注与学习。通过评价提醒学生要注意这些学习策略，目的是为了发展学生的学习能力，不是单纯为评价而问。

从外部进行评价的方式主要是课堂观察，通过听课对课堂教学进行评估。随着课程标准的修订和核心素养目标的提出，外部评价也应该有意识地按照新的课程标准的思想确定评价的内容，特别需要注意把观察点、关注点转向学生的学，内容转向核心素养的形成与培养。在课堂上最有观察价值的就是学生的活动。学生是否认真倾听？有无做笔记的行为？自主探究学习的时间是不是充分？学生是不是积极主动地参与讨论与提问？是不是所有的学生都能够有效地学习？如果有一部分学生学得比较被动，原因可能是什么？这是针对学生学习的全程观察与判断，从中可以了解和分析教师的教学情况。

课堂观察还要关注课堂文化方面。课堂上教师如何关注不同学生的需求？如何体现高阶认知素养？学生的批判性思维、综合语言运用能力、文化意识等的培养是否得到落实？是不是鼓励独立思考、包容不同观点？是否能够创造性地创设情境？师生互动是否具有应变性和灵活性？整个课堂教学氛围是不是民主和谐？我们就是要通过这些观察角度来感受课堂教学的综合效益，做到关注点是学生的学习，内容指向是核心素养，价值取向是把课堂作为核心素养发展、人文精神饱满、学生和教师共同成长的生态环境。这就是对课堂教学进行终结性评价的指导思想和基本要求。

二、区分不同课型和任务，加强评价的针对性

要加强课堂教学终结性评价的针对性就要区分不同课型和任务。一堂课的评价往往是难以面面俱到的，因为课型不同，任务不同。评价时必须根据这些任务，依据课型来进行。例如对语言知识的评价，往往不可能通过一堂课达到对某些词、某些语法项目真正掌握的水平，所以对这堂课中语言知识的评价就不可能按照应用的标准去评价，只能作为理解这个层面来评价。

如果是作为理解层面的标准来评价，那么采取的方式可以是填空、选择、配对、把知识放在新的语篇中理解辨认、通过思维导图或者关键词建立知识之间的联系等，还可以通过对话来检测对句型、短语的熟悉程度，通过短文阅读来检测对某一语法现象的理解。这是第一步针对知识学习进行的评价。如果要检测对这些词的运用能力，则需要通过写作等方式在综合语境中进行考查。

针对阅读理解的评价又有不同的层面。语篇阅读包含多个阶段性目标，比如主旨理解、信息识别、推理判断、评价运用等。从认知发展看，主旨理解和信息识别是基础，但不是最终目标，不宜作为终结性评价的依据。对主旨理解和信息识别等的评价可能提出类似这样的问题："What was to blame for cholera?"推理判断与评价应用是高级目标，应该成为终结性评价的内容。进行评价时应该涉及这方面的层次，设计的问题应该是开放性的、描述式的。例如："What qualities do you find in John Snow?"

综合能力评价,就是在一个单元学习结束之后用来评价综合语言能力的。例如,在学了 Great Scientists 这个单元之后,我们要求学生写一篇有关中国科学家屠呦呦的作文,然后给一个评价量表,综合评价学生对内容、语篇结构、词汇、语法等的掌握程度,反映学生综合语言运用能力的水准。

表 3　Great Scientists 单元学习评价量表

Language use	Items	good	average	poor
Content	Main ideas clear and accurate			
	The whole story impressive			
Organization	Well organized and coherent			
	Ideas well connected			
Vocabulary	Effective choice of words and idioms			
	Proper use of newly learned words			
	No errors in spelling			
Grammar	Good control of complex structure			
	No errors			
Punctuation	Good mastery of punctuation			

三、评价应具有选择性或开放性

由于学生基础不同以及存在多元智能等方面的差异,评价也应具有选择性和开放性,允许学生选择自己喜欢或擅长的方式呈现能力,展示进步。例如:研读 John Snow Defeats "King Cholera" 后评价学生对语篇的理解和语言能力的发展情况:

1. 论述:What good qualities do you find in John Snow? 这是一种基于事实的判断,是个性化的表达。

2. 报告:A Chinese scientist who has the similar qualities. 这是一种语言能力迁移,也是情感态度与价值观的传递和表达。

3. 角色扮演：Dialogue between John Snow and Tu Youyou. 这也是能力迁移，是创新运用。

4. 设计：Draw a picture storybook of the text. 这是创新运用。

除上述方式以外，还有其他的开放性评价方式。例如，微信也可以作为课堂教学评价的处理方式与途径。

开放性的评价有很多优势。一是符合现代学习理念，把学生看作是意义建构的积极参与者，而不是零散知识的接受者。高质量的表现性评价重视学生的背景知识，并鼓励学生在此基础上进行积极的意义建构。二是可以澄清教学的目标并以此鼓励学生发展复杂的理解能力和技能，而用选择填空这样的封闭性的考试评价方式就难以测试复杂的理解与表达能力。三是可以测量用其他方式无法测量的复杂的学习结果。知道怎样做某事不等于能够去做某事，更不等于能把它做好。例如，纸笔测验能够有效地测量学生所了解的在公共场所演讲的有关要求，但是却不能考查学生实际演讲的能力。写作也是如此。四是既能够评价任务完成的结果，也能够评价任务完成的过程。例如从写作评价来看，可以通过写作观察学生语篇组织、语法应用、词汇选择等能力。

在平常的课堂教学评价中，不应提倡采用选择题或其他封闭式的评价试题。因为选择式的题目属于信息或知识的辨认要求，而不是作为积极建构意义的途径。另外，最好不用改错题。关于这个题型的负面效应我在很多场合发表过意见，本文不再讨论。

这次课程标准的修订是国家英语课程建设的一次重要发展阶段。英语课程标准提供的是一种理想化的课程，理想化的课程是否能转化为现实的课程，评价环节非常关键，需要教师自觉地去学习、主动地去实践这些评价观念。评价目的是为了改进教学、促进学生的健康发展，要实现以评助学、以评促教、教评整合的目标要求。评价内容要带有积极的价值导向，促进把英语课上成学生语言发展、思维提升、品格锻造、能力拓展的生态课。同时，教师也应该知道评价要关注差异，通过多元评价、开放性的评价来肯定成绩，明确方向，促进学生英语学科核心素养的发展，也促进教师的专业成长，最终担当起英语课程立德树人的使命。

第七章　高中英语学业质量标准与学业水平考试

这一章，我们来解读高中英语学业质量标准与学业水平考试的相关要求。由于学业质量标准是第一次在《普通高中英语课程标准（2017年版）》中提出来，还是一个新鲜事物，所以有必要专门解读。虽然以前有过学业水平考试，但是《普通高中英语课程标准（2017年版）》颁布以后，学业水平考试的功能以及形式和内容也会有一些变化。

第一节　学业质量标准解读

首先，我们谈第一个问题：什么是学业质量标准？"学业"、"质量"、"标准"这几个词大家都知道，但是把这三个词放在一起，即"学业质量标准"，应该说还是一个比较新的概念。通俗地讲，学业质量标准就是关于学生通过课程的学习应该达到什么样的学业水平的规定。也就是说，学生在学习高中英语课程中应该达到什么样的学业水平。学业质量标准也就是对学习内容（学习领域、学习主题）应该学习（掌握）到什么程度的规定。大家都知道，任何一个学科都有很多学习内容，学习内容可以深、可以浅、可以广、可以窄。学习内容包括对知识本身的学习，也包括学生学习知识以后能够运用知识的能力。任何一个学科，对课程内容的学习应该是有不同程度要求的。过去很多版本的教学大纲或者课程标准，有的只有教学目标和教学内容，有的会增加教学要求，但是通常都没有质量标准，或者说，没有专门设定学

123

业质量标准。有的课程标准把内容、目标和质量要求融为一体，但其实三者应该是有区别的。我国比较早的英语教学大纲里包含了教学目标、教学内容和教学要求。我国在 2001 年、2003 年和 2012 年发布的三个版本的《英语课程标准》，里面也都有课程内容、课程目标，但是没有学业质量标准。

那么，是不是没有教学要求，或者没有质量要求？也不是的，其实 2001 年、2003 年和 2012 年发布的三个版本《英语课程标准》是把质量要求与课程内容和课程目标融合在一起的。这几个版本的课标都专门有一章叫"内容标准"。大家从这个名称就能看出，它既规定了内容，也规定了学习的质量要求，简称"内容标准"。也就是说，这几个版本的课标是把课程内容、课程目标和质量要求融为一体。这样做有一个好处，就是会比较清楚，即在一个部分中就能够全面了解，但是也淡化了三者之间的区别，而且相对于平时教学的指导、教材的编写以及考试的指导来说，其作用就不容易体现出来。在很多学科中，课程的内容与学习目标既是紧密相关联的，又是有重要区别的，有一些内容的学习不是为了掌握这些内容本身，而是通过对这些内容的学习形成某种能力或素养。这里我强调的是有些学科，并不是所有学科。

英语学科的课程内容，或者说学习内容，包含六大要素，即主题语境、语篇类型、语言知识、文化知识、语言技能和学习策略；但是就英语学科而言，学生学习这些课程内容并不是为了掌握这些内容本身，而是为了发展英语学科核心素养。就这一点，可能有些教师觉得不太好理解，他们认为既然课标列出这么多内容，特别是列出语言知识、文化知识、语言技能等等，那英语教学不就是为了让学生掌握这些吗？既然就是为了让学生掌握这些内容，为什么我还在这里讲"就英语学科而言"？

这里我给大家作进一步的解释。比如：在实施英语课程过程中，英语学科有很多学习内容，以一个个的英语语篇的形式出现，这里的语篇包括书面语和口语。比如说听力部分，接触的听力材料也是语篇，我们把它称为听力语篇。这里说的一个个英语语篇，也就是我们经常说的教材里面的课文。课程标准中的学业质量标准既不规定学生要学习多少语篇，学习哪些具体的语篇，也不规定所学的语篇要学到什么程度，这一点，我给大家再补充解释一下。比如说，英语课程标准并不规定小学生、初中生或者高中生，在每个学段、每个年级到底要学多少语篇，也不规定到底要学哪些课文。

再比如说，我们有很多不同版本的英语教材，但是每个版本的教材所选的课文并不一样。也就是说，学习哪些课文本身并不重要，重要的是通过学习这些课文，学生需要学习哪些知识，形成哪些语言能力，这就是我们说的素养。另外，课标也不规定所学的语篇要学到什么程度。虽然我们会总体上要求学生能够全面地理解语篇，包括理解语篇的结构、表面意思、隐含意思以及语篇在写作等方面的一些特征，但是这些规定并不针对某个具体的语篇，而是强调学生要通过这些语篇的学习，形成一种能够全面理解语篇的能力。可以说学业质量标准是对英语课程学习结果的具体规定。当然，对于学业质量标准具体的阐述和内容，大家可以参考已经颁布的《普通高中英语课程标准（2017年版）》。

接下来我们谈第二个问题，学业质量标准与课程目标是什么样的关系？刚才我们已经提到了学业质量标准与课程目标、课程内容的关系，但是我们没有展开。就我个人的认识而言，学业质量标准与课程目标是相互呼应的，但二者并不等同，这也是本章解读的一个关键点，也希望以后大家在学习课标的过程中要认真体会这一点。课程目标是指课程在促进学生核心素养发展方面的预期目标，也就是说，课程标准要指出学生通过英语课程的学习要形成哪些素养，这些素养就是我们的预期目标。而学业质量标准是用来检验该课程目标是否达成以及达成程度的检验指标。这听起来有点拗口。我们举一个例子，比如我们到驾校学习开车的目标是学会开车，但是如何判断一个人是否会开车，或者判断一个人在驾校学习开车以后，是不是能够开车呢？我们就需要一些检验指标，比如起步、停车、加速等技能的掌握和运用情况。再比如，我们盖房子有盖房子的目的和目标，盖完房子以后我们需要验收房子。但是大家都知道，盖房子的目的和目标与房子质量验收标准并不完全一样。课程目标是全面的，而学业质量标准是抽样的，这是什么意思呢？就是说，课程目标会对学生在课程学习方面应该实现的目标作全面的阐述和规定，而学业质量标准只是一些关键的指标。也就是说，我们从中找出一些能够反映学生学业情况的关键标准，通过检验这些标准的达成情况，我们得以了解学生学习的总体情况。

下面我们谈第三个问题，即学业质量标准与课程内容的关系问题。学业质量标准将核心素养转化成可以作为学业评价与考试依据的具体指标。学业质量标准把课程内容以及课程内容的学习情况与核心素养联系起来，这一点大家可能觉得不太好理解，我们用一个图示来给大家展现一下。

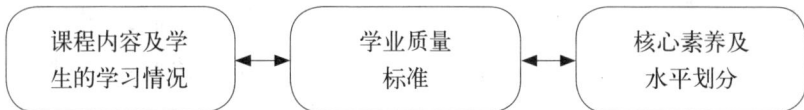

| 课程内容及学生的学习情况 | ←→ | 学业质量标准 | ←→ | 核心素养及水平划分 |

图 13　课程内容、学业质量标准与核心素养的关系

在这张图的最左侧是课程内容及学生的学习情况，最右侧是核心素养及水平划分，中间是学业质量标准。这三者是什么意思，以及有什么关系呢？就平常的课程实施而言，学生学习课程内容的情况是不完全一样的，我们通过学业质量标准来检验学生对课程内容的学习情况。检验的结果可能有很多数据，通过对这些数据的处理或者分析，我们就能够判断学生形成了什么样的素养，或者说他们在素养上已经达到了什么样的水平。大家看到的英语课程标准，其核心素养以及水平划分是放在附录里的，一共有三个水平的核心素养，而这些核心素养在课标正文里面并没有被完整地描述。那么如何体现核心素养呢？就是通过课程内容和学业质量标准的学习来体现的。

在这里还有一个环节，那就是考试。我们需要用学业质量标准来检验学生课程的学习情况。但是如何检验呢？那就要通过考试或者其他的评价和评估方式来达到检验的目的。就这一点，希望大家学习课标的时候进一步研读。

下面我们简要地看一看高中英语学业质量标准中的部分内容，这里我选了水平一的几条质量标准。

表 4　高中英语学业质量标准例解 1

序号	质量描述
1-1	在听的过程中，能抓住日常生活语篇的大意，获取主要事实、观点和文化背景。
1-2	能根据重音、语调、节奏的变化，理解说话人所表达的意义、意图和情感态度。
1-4	能简要地口头描述自己或他人的经历，表达观点并举例说明。

第一条质量标准（1-1）表示学生能通过"听"理解日常生活语篇的大意，获取其中的主要信息、观点和文化背景。这是针对"听"设置的一条质量标准，当然这是水平一的标准，所以要求并不高。大家注意到这里提到的是理解日常生活语篇的大意，获取其中的主要事实、观点和文化背景。

第二条质量标准（1-2）写道："学生能通过重音、语调、节奏的变化理解说话人所表达的意义、意图和情感态度。"大家可能对这条目标不陌生，而它也是非常重要的，必须在高中英语课程实施中得以落实。我们都知道声音是表达意义的重要手段，在高中阶段我们除了能够正确地发音，有正确或基本正确的语音、语调之外，还要能够通过重音、语调、节奏等变化，理解说话人所表达的意义、意图和情感态度，特别是表达的特殊意图和情感态度。比如说，有人说话的时候，声音突然提高、加快或者节奏变快，其实他们都是有目的、有意图的。另外，有时候我们说话，特意地降低音量，这其实也是有意图的。

第四条质量标准（1-4）强调学生能口头简要描述自己或他人的经历，表达观点并举例说明。这一条质量标准是关于口头表达能力的要求。其关键词有描述经历、表达观点和举例说明。其中，举例说明是我们新加的，它是一般的要求或基本要求。现在很多学生能表达观点，但是不能通过举例来进一步证明自己的观点。

我们再看另外三条质量标准。

表5 高中英语学业质量标准例解2

序号	质量描述
1-10	能区分语篇中的主要事实与观点；能基于所读和所看内容进行推断、比较、分析和概括。
1-11	能识别语篇的类型和结构，辨识和分析语篇的文体特征及衔接手段，识别语篇为传递意义而使用的主要词汇和语法结构。
1-12	能识别语篇直接陈述的情感态度、价值观和社会文化现象。

表5中1-10强调学生能区分语篇中的主要事实与观点，能基于所读内容进行一定的推断、比较、分析和概括。这是阅读方面的一个质量标准要求。大家注意，这里讲的区分语篇中的主要事实与观点属于水平一。水平二和水平三关于这方面的要求还有更多的阐述。比如，我们不仅要能区分事实与观点，还要能判断语篇中事实与观点之间的逻辑关系；语篇中所列的事实能否支撑所表达的观点等。当然水平三还要求学生能够分析和评价语篇中事实与观点的逻辑关系。比如说，有的语篇呈现了观点，也呈现了一些事实，或者有些语篇的作者认为事实与观点之间有某种逻辑关系。但是我们通过严格的分析，发现这种逻辑关系如果不存在或者逻辑性不强，学生就很难分析判断事实与观点之间的关系。希望大家在学习课标的时候，充分关注这些关键词。

表5中1-11强调学生能识别语篇类型和结构，能辨识和分析语篇的文体特征及衔接手段，能识别语篇为传递意义而使用的主要词汇和语法结构。这一条质量标准涵盖了很多内容，包括语篇类型、语篇结构、语篇文体特征和衔接手段。这一条标准中的最后一句话，即"能识别语篇为传递意义而使用的主要词汇和语法结构"是什么意思呢？其实，为了传达语篇的某种意义，语篇的生产者往往特意选择某些词汇和语法结构。大家都知道词汇是表达意义的重要手段，而语法也是一样的，而且不同的语法结构表达了不同的意义，为了表达某种特殊的含义，语篇的生产者有可能作出特殊的选择。希望大家以后认真去体会这一条。在课标的很多部分，比如说课程内容部分、学业质量标准部分以及考试与评

价部分，都有涉及与这一条相关的内容。

表 5 中 1-12 要求学生能识别语篇直接陈述的情感态度、价值观和社会文化现象。大家注意，这里的关键词是"直接陈述"。水平二和水平三就不只是识别直接陈述的情感态度、价值观和社会文化现象，而是能识别语篇间接陈述或者隐含的情感态度、价值观和社会文化现象。大家在学习新课标的时候会看到更详细的质量标准。我刚才一共讲了三个水平的质量标准，而每一个水平都有十四条质量标准，而且这三个水平的质量标准相互之间都有逻辑关系。这种逻辑关系主要是层级的递进关系，也就是说相同或相似的某些要求在不同的水平层次上会有所变化，或者说其难度不太一样。

第二节　英语学业水平考试解读

首先，我们谈谈第一个问题，即考试的性质与目的。高中英语学业水平考试主要是衡量高中学生通过必修课程的学习所获得的英语学业成就。学业水平考试以学业质量标准为考查依据。这里有一个非常重要的内容，就是衡量高中生通过必修课程学习所获得的学业成就。以后的高中课程分为必修课程、选择性必修课程和选修课程。根据高中课程总体方案，必修课程的学习是高中生毕业之前应该完成而且应该达到的要求，因此学业水平考试以必修课为主要参照。也就是说，考试的内容、水平要求以及考试的难度等都要以必修课程的内容为基础，具体来讲就是以学业质量标准为考查依据，而学业质量标准中的水平一、水平二和水平三就可以作为依据。目前就是以学业质量标准中的水平一作为学业水平考试的主要依据。

第二个问题是学业水平考试的命题建议。我们在这里讲六个方面的命题建议。虽然只是六条建议，但每一条建议后边都有特别丰富的内涵。

第一条，根据普通高中英语课程的目标与理念确定命题导向和原则。课程学习与考试的关系非常密切，或者说考试对课程学习具有重要的导向作用。如果考试不能反映课程目标和课程理念，那么考试就不能发挥其应有的导向作用，同时，课程学习也不可能按照既定的方向发展。在很多情况下，教学在某种程度上是跟着考试走的，说得直白一点就是：考什么教什么，怎么考怎么教，不考不教。虽然这些话听起来不太科学，但是它或多或少影响着一线英语课堂教学，因此将来在实施高中英语新课程时，学业考试以及高考一定要反映高中英语新课程的目标和理念。考试的内容、命题理念以及考试方向要与课程标准一致。而这些目标是什么呢？我们已经在第三章对这些目标作了具体的解读。

第二条，全面考查英语学科核心素养。既然高中课程的主要目标是培养学生的核心素养，或者说是促进学生发展核心素养，那么考试和评价也应该以核心素养为基础。由于核心素养的内容非常丰富，并不是每一条素养或者每一条素养的具体方面都可以通过考试来考查的。但是总体来讲，考试要以核心素养为基础。就某些核心素养来说，我们以前可能不太重视或者没有提出来，现在提出来了，我们就要进行考查和测评。虽然我们目前可能还没有掌握测评这些核心素养的方式方法，但是我们需要共同参与这方面的研究，以找出新的考查方式和考查形式。

第三条，根据英语语言的实际使用情况来命题。语言是在实际生活中使用的，判断一个人的英语能力或者语言能力最理想的办法就是让他们在生活中使用语言。通过观察他们语言使用的实际情况，判断他们的语言能力。但是受很多条件的限制，我们不可能让英语考试以这种方式来实施，也不可能让所有学生在生活场合中一一展示他们使用语言的能力。针对这个难题，我们要求在考试中或者在命题中尽量使考试形式接近语言的实际使用情况。这个观点比较难懂，我给大家举一些例子。比如现在很多考试题是选择题，学生读完一篇文章以后，需从 A、B、C、D 四个选项中选择一个选项作为答案，但实际上生活中这种情况很少或者不会发生。另外，让学生在语篇中填空，这种情况也很少在生活中出现。当然，这些考试题型并不是完全没有价值。我是想说明，这些考试形式与生活中的语言使用是有差距的。我们再举一个例子，有这样一道写作题：老师给学生提供图表，要求学生能够分析图表中的信息，以此发现某些趋势，然后写一篇作文，这个作文可以是报告也可以是议论文。这个就更接近生活中语言使用的实际情况，因为在生活中有时候我们确实需要根据相关材料写报告或写论文。因此，将来的英语考试，无论是英语学业水平考试还是高考都会在这方面作出努力，也希望老师们在平时的教学中注意这个发展趋势。

第四条，充分考虑学生的实际生活和认知发展水平。这一条针对所有学科来说都是适用的。它表明考试的内容与方式要和学生的生活及认知水平吻合。一道考试命题要求学生论述有关环境保护的话题，这个命题可以有不同的试题形式。例如，"环境保护很重要，作为一个公民、一个学生，在环保方面我们可以做什么？请你写一写你的生活实际。"这就是一个符合学生认知发展水平和生活实际的题目。如果老师出另一种试题形式："请你谈一谈，如何解决中国或者世界的环保问题。"那这个话题就很大，不符合学生的实际生活和认知发展水平。

第五条，确保试题的信度和效度。信度和效度是所有考试题必须具备的两个属性，这里我不展开讲。但是大家要把握两点，所谓信度就是指考试是不是可靠，它的结果是不是可信。效度是指一套测试是否达到了它预定的目的以及是否测量了它要测量的内容。

第六条，合理制定评分标准。既然有考试，就有评分标准。而评分标准直接关系到考试结果。就我个人的理解而言，"合理制定"强调语言是在生活中使用的，而评定学生使用语言的情况也要尽可能接近生活实际。也就是说，评分标准不能制定得过于僵化。比如，有一道题要求学生根据所给单词的适当形式填空。有可能学生能写出这个单词，当然可能在拼写方面错了一个字母，或者单复数少了一个 s，或者在时态方面略有欠缺。针对这种情况，我们应不应该给学生分数呢？有的试题的评分标准就认为只要错了，哪怕是错一个字母，就不能给分。但实际上，这样做是非常不合理的。比如说有两个学生，一个学生完全没有填出这个空，而另外一个学生填出来了，只是错了其中的一两个字母。显然，这两个学生的学业情况是不一样的，如果他们都被记零分，那这个评分结果就不是非常准确。

接下来是第三个问题，即考查内容。考查内容是大家最关心的一个方面，现在很多老师都认为针对应试的大环境，学生需要做很多各种各样的练习题。用某些老师的话讲，就是要用一万道题或者做一万道题，来让学生掌握将来考试要考查的内容。其实这种做法忽略了一个重要的事实：学生所做的题并没有或者并不是很好地反映了考试要考的内容。这种通过做题来了解考查内容的方法是不准确的，也是低效率的。我们建议老师认真研究英语课程标准。其实将来的考试，无论是学业水平考试还是高考，肯定都是以课程标准规定的内容为依据。按照现在的课标要求，将来考试的考查内容主要分为两部分：理解能力和表达能力。虽然课标里有听、说、读、看、写等技能，也有语言知识、文化知识、学习策略等等，但在考试的时候，我们都把它们融入到这两个大的方面，或者都把它们合并为两个大的方面，也就是理解能力和表达能力。

根据课标，英语理解能力包括对语篇的理解能力和对语篇作出反应的能力。这个阐述和以前略有不同，以前主要是提出理解能力，但基本上没有涉及对语篇作出反应的能力。我们看到很多国外的课标，都特别强调学生不仅要理解语篇说了什么，怎么说的，还要对语篇所说的内容有自己的分析判断，这就是对语篇作出的反应，用英语讲就是 respond to the text。我们现在在国外的文献中看到的表述是 understand the text and respond to the text，而理解的对象，包括语篇直接或间接提供的信息、事实、观点、情感、态度等等。这一条也希望大家认真地研读。过去我们理解语篇，经常提到的就是获取信息和观点。其实，语篇不仅仅是信息和观点，它还有情感态度和价值观。有时候，一个语篇写得比较巧妙，表面上看它是在说一件事情，但实际是在说另外一件事情。中文里也有这样的说法：一个语篇有不同的层次，它的意义也有不同的层次，它既有字面的含义，也有隐含的意义。例如，一个语篇原本是讲一个人给报社写了一封信，抱怨他所居住的小区经常遭盗窃。曾经一个晚上就发生了多起盗窃事故，警察也不管。这些被盗窃的物主也好像睡得很好，并没有报警。虽然他们的狗整个晚上嗷嗷叫，也没人理会。后来，这封信在报上刊登了出来。警察看到这封信以后就来调查，结果发现这个地方并没有发生盗窃案件。其实这篇文章写得很巧妙，它并不是想抱怨盗窃事件，而是想间接地抱怨这个居民区的很多业主养狗，而且这些狗晚上叫个不停，打扰了他的生活。遗憾的是，这封信的意思没有被正确地理解。

语篇提供了信息、事实、观点、情感和态度，那么理解的层次也有相对应的内容。课标里划分了几个层次：识别、区分、归纳、分析、阐释和评价。按顺序，这几个词是有不同层次的。识别、区分，就是能够将两个信息、观点或事实进行识别区分。归纳、分析，就需要学生进行提炼，以及进行一定的前后逻辑分析，与之对应的评价层次就更高了。就认知能力而言，这五个词经常被使用。在将来的阅读和理解能力的考查中，我们就可以从不同的层次设计试题。也就是说，在将来理解能力的考查中，我们可以从理解的全面性和深刻性两个方面来考虑。全面性是指是否全面地理解语篇中所含的内容。深刻性是指对理解的深度的描述。比如字面意思的理解就是一个层次，而隐含意思的理解就是另外一个层次。希望大家在以后的考试中真正落实这个理念。

接下来是英语表达能力。英语表达能力是指学生用英语进行口头或书面表达的能力，特别是在真实语境中传递与沟通信息，再现生活经验，表达观点、意图和情感的能力。这一条写得很简练，其实它的内容非常丰富，首先它包括口头的和书面的，也就是口语考试和写作考试。第二个关键词是"真实语境"，就是要求学生说或者写的语境要真实。现在很多写作题非常不真实。比如，一道英语写作题："假如你叫李华，你们学校上个周末组织一次郊游，去了某个地方，做了某件事情，请你以这次郊游为例写一篇日记。"这就是非常不真实的写作任务，因为学生可能根本就没有去郊游。如果学生没有去，只是根据考试题提供的这些素材去写，那就不是真实的表达。所以"真实语境"这四个字非常关键，将来的考试一定会朝这方面发展，也希望老师们在教学中有所准备。我们建议大家不要只是用过去的考试题来练习,要想到课标对将来考试提出的要求和考查的内容。比如说,这里提到传递与沟通信息,再现生活经验,表达观点、意图和情感态度。再现生活经验中的"再现"用英文表达是 represent,之所以叫再现,是因为生活经验往往是已经发生的,而且同样一件事情不可能再发生,所以我们需要通过语言文字让它重现。再现生活经验既包括再现自己的生活经验,也包括再现他人的生活经验。其实,在语言使用过程中再现生活经验是很常见的,我们平时说的讲故事就是再现生活经验。另外,经验既可能是真实的,也可能是想象的。比如,小说创作就属于想象的经验。我们过去比较强调表达观点,但是却不够重视表达意图和情感态度。其实表达意图和情感态度也是非常重要的。年轻人谈恋爱的时候写情书称为表达情感,其实生活中表达情感的情况还有很多,只不过我们在教学中还不够重视。

表达能力的评分标准也很重要。课标要求将来在英语表达能力的考查过程中,要从意义表达的实际效果、口语和书面语语篇的结构文体特征、衔接性和连贯性等方面制定评分标准。现在很多考试包括口语和写作考试都有自己的标准,也基本上接近我们现在说的这些要求。但是就我个人了解而言,现在的很多评分标准还不够全面,有时候也比较僵化。其实,实际效果是最重要的,也就是说,说话与写作是不是达到了实际的目的。其次才是语篇本身的特征、结构以及连贯性等。再其次才是用词与句型等等。现在很多评分标准过于注重语言本身,比如说单词使用的正确性,句子使用的多样性,甚至还特别强调复杂句的使用情况。这些固然重要,但不是最重要的,至少它们不比意义表达的实际效果更重要。

最后我们谈一谈考试形式。学业水平考试的形式应该尽量贴近真实语言的使用情形。我们建议将来的考试,尤其是英语学业水平考试,以典型的听、说、读、看、写等任务,或者听、说、读、看、写等任务综合的形式出现,为考生提供运用语言和展示语言能力的机会。这里的关键词是为学生提供"运用语言和展示语言能力的机会"。在平时的教学研究中我经常和老师们交流,比如说,英语课堂本来应该为学生提供运用语言的机会，但当我问老师们在课堂上给学生提供运用语言的机会多不多时，老师们不约而同地说不多，还说这是因为考试。我接着问考试为什么让你不提供运用语言的机会时，他们说考试也不考查这样的能力。这就是我们的问题，也就是我们过去的考试不是考查学生运用语言的能力，所以在课堂上老师也就不创造这样的机会，或者说不重视语言运用。过去有很多问题长期解决不了，尤其是考试和教学的矛盾。解决不了的关键还在于我们在考试的某些方面做得还不够。另外一个关键词是"展示语言能力"。怎么展示学生的语言能力呢？显然就是靠运用。过去的考试更多要求学生展示对知识的掌握，尤其是对知识的记忆。大家都知道知识很重要，记忆知识也很重要，但是最终记忆知识是为了发展语言能力，如果没有形成语言能力，只是能够记一些语言知识，那也不是我们希望看到的英语学习结果。这两个关键词——运用语言和展示语言能力，希望大家高度重视。

　　具体的操作方法就是采用典型的听、说、读、看、写等任务，或者是结合听、说、读、看、写的综合性任务付诸实践，老师们可以参照课标给出的一些具体的考试形式的说明。我个人认为，英语学业水平考试的关键在于创新考试形式。国际上非常重要的考试，比如说托福、雅思、PISA 考试，都运用很多新的形式。它们也是经过了长时间的理论和实践验证的考试形式，相对成熟，将来我们也可以借鉴。当然，这里有很多问题需要考虑，比如说中国有比较多的学生，大规模的考试怎么实施？学业水平考试还有高考往往都是在很大范围内进行的，参加考试的人数很多，而且阅卷需要在很短的时间内完成。由于考试受一些客观条件的限制，有些考试形式我们不能马上采用，或者说采用的可能性还不是很大。但无论如何，我们也需要在学业水平考试的形式方面有所创新。我们的考试要为学生提供运用语言和展示语言的机会。将来，无论是什么样的考试，只要能做到这一点，我想就是比较成功了。

第八章　如何利用信息技术促进英语教学?

这一章讲讲"如何利用信息技术促进英语教学",这是一门与"互联网＋"相关的课程,也就是课堂教育该如何走向现代化。主要想讲这几个方面:一是互联网时代的情况;二是语言学习的网络资源与渠道,即课堂中如何借助于互联网拓展资源与渠道;三是基于互联网技术的课堂教学;四是案例展示,即讨论"互联网＋课堂教学"可以有哪些做法。

第一节　互联网时代

一、信息网

1. 信息网的优势

我们首先来看看网络的优势。一是快捷,轻按鼠标就可以主动获取信息。在过去,我们需要有关信息资料就得去图书馆查阅相关参考书籍,有时候一家图书馆找不到,还要找另外一家。现在在家里动动鼠标或在手机上轻按一下就能搜到想要的信息。二是精确,你想获得的信息也许在网上会有很多说法,但你可以通过第三方对该信息内容的评价、点击率等信息判断哪一种说法更准确,也可以使用学术类搜索引擎查找信息来源的准确性。比如,英语的词语搭配就可以通过网络上使用的频率判断其可接受程度。三是数量优势,所谓信息网就是把各种各样的信息链接形成信息库,而且这样的库像滚雪球会越滚越大。现在网上的信息量和种类已经远远超过我们想象了。四是时效性,网上有大量的即时信息,许多资源都标有明确的上传时间可供我们参考。比如在英语课堂上如果有需要,可以获取当日世界上所发生的重大事件的图文或视频。

这一点我想大家都有所体会，很多东西即时发生，通过网络马上可以搜到。

2. 搜索引擎

搜索引擎，我想大家应该很熟悉，在平时的生活、学习、工作中都会用到这个工具搜索各种信息。这里梳理一下这类工具的主要特征和功能。

1）全文索引：可以在一篇文章中查找你所需要的词条以及该词条在文章中出现的频率和位置。

2）目录索引：根据网站提供的主题分类目录，层层点击进入，查到所需的网络信息资源。

3）元索引：接受用户查询请求后，同时在多个搜索引擎上搜索，并将结果返回给用户。

4）垂直搜索：用于特定的搜索领域和搜索需求（例如机票搜索、旅游搜索、小说搜索、视频搜索、购物搜索等）。

常用的搜索引擎有百度、必应、搜狗、360搜索、腾讯搜索、迅雷搜索等。

二、社交网

1. 社交网的优势

1）建构个人虚拟社区：按照六度分隔理论，每个个体社交圈会不断地放大，也就是说，我认识你，你认识他，他认识她，通过六个转，全世界人都可以建立起社交关系。所有虚拟网、社区网都是按照这个理论建立起来的，原来不可能往来的人就在社交网当中慢慢变成熟悉人了。

2）建立个性化的资源：每个人都可以按照自己的需求选择个体化的社会资源和人类资源，建立自己的个性化虚拟社区，实现在线分享个体所需的信息资源。例如，英语教师可以建立与自己职业有关的个性化社会资源虚拟社交网，在虚拟平台分享各种与职业有关的资源。

3）有效互动：非常强的互动功能，而且这种互动可以是及时的，也可以是错时的。所谓及时就是你发布消息上去，对方马上就有回应；所谓错时就是你发布一条信息，对方可能在线下或没空，但是后来上线或有时间了，发现留言就马上予以回应。

2. 常见的社交网

1）微信（WeChat）：支持发送语音、视频、图片和文字，支持多人群聊，支持查找微信朋友，实时语音对讲。

2）QQ：具有在线聊天、视频通话、点对点断点续传文件、共享文件、网络硬盘、自定义面板、QQ邮箱等多种功能，并可与多种通讯终端相连。

3）博客：以网络作为载体，简易、迅速、便捷地发布自己的心得，及时、有效、轻松地与他人进行交流，再集丰富多彩的个性化展示于一体的综合性平台，例如新浪博客、网易博客、腾讯博客等。

4）微博：即微型博客的简称，基于用户关系信息分享、传播以及获取的平台，例如新浪微博、网易微博、搜狐微博等。

三、移动终端

1. 移动终端的特点

在硬件体系上，移动终端是具备通信功能的微型计算机设备；在软件体系上，移动终端具备操作系统，如 Windows Mobile、Android、iOS 等；在通讯能力上，移动终端具有灵活的接入方式和高带宽通讯性能，并能自动调整所选的通讯方式，从而适应多种制式的网络；在功能使用上，由于软件技术和硬件的发展，移动终端可以根据个人的需求调整设置，显示出人性化、个性化和多功能化的特征。

2. 常见移动终端

1）笔记本电脑：一种小型的、可便于携带的个人电脑。

2）平板电脑：一种小型的、方便携带的个人电脑，以触摸屏作为基本的输入设备。

3）智能手机：就是"掌上电脑＋手机"，除了具备手机的通话功能外，还具备 PDA 的大部分功能。

4）电子书包：利用信息化设备进行教学的便携式终端。

第二节　语言学习的网络资源与渠道

上一节讲了互联网给我们带来种种的便利，那么我们该如何利用网络资源为语言学习服务呢？下面我介绍一些网站，我们可以充分利用这些资源和渠道丰富英语教学活动。

一、英文学习网站

1. http://www.bbc.co.uk/learningenglish/

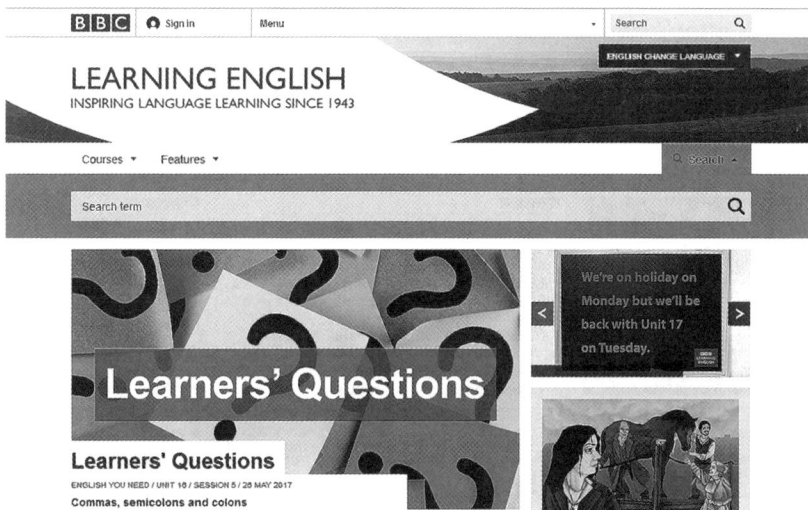

图 14

2. http://language.chinadaily.com.cn

图 15

3. http://www.i21st.cn

图 16

4. http://www.breakingnewsenglish.com

图 17

二、英文报纸杂志

1. http://onlinenewspapers.com

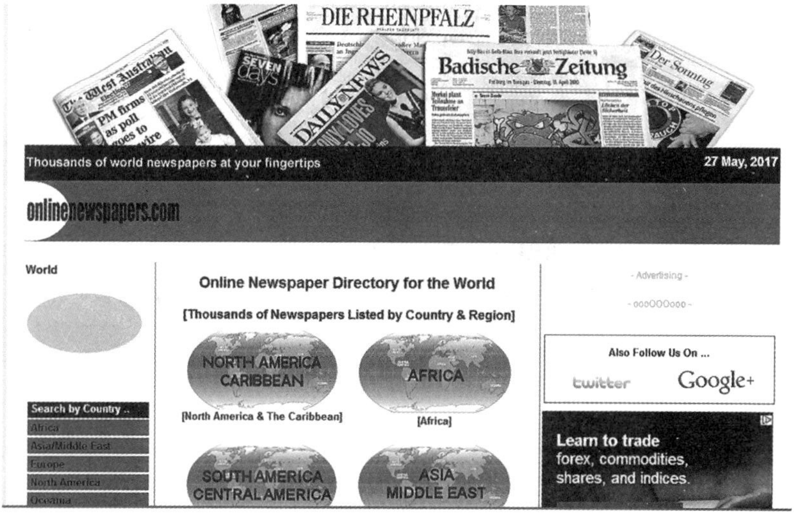

图 18

2. http://teens.i21st.cn/index_se.html

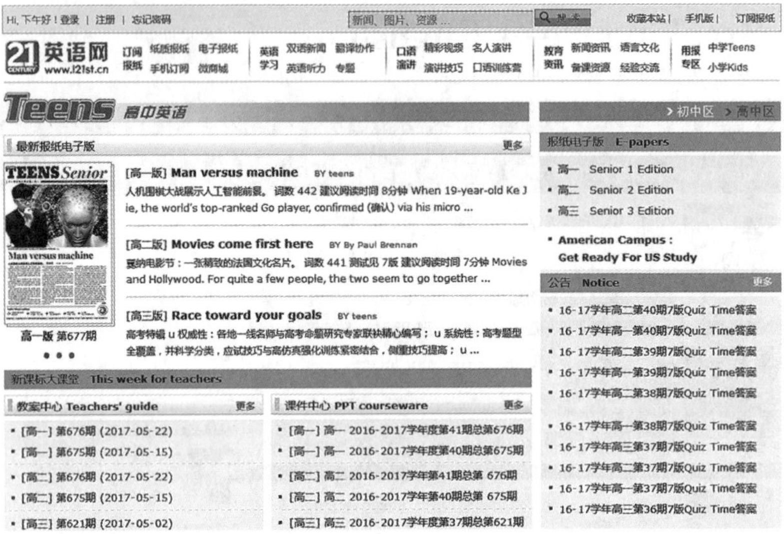

图 19

3. http://www.chinadaily.com.cn

图 20

4. http://www.ell.com.cn

图 21

5. http://www.nationalgeographic.com

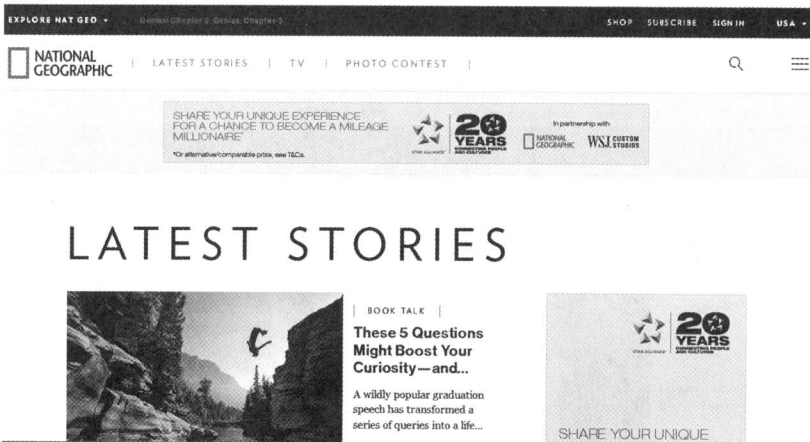

图 22

6. https://www.washingtonpost.com

图 23

三、英文视听资源

1. http://english.cctv.com

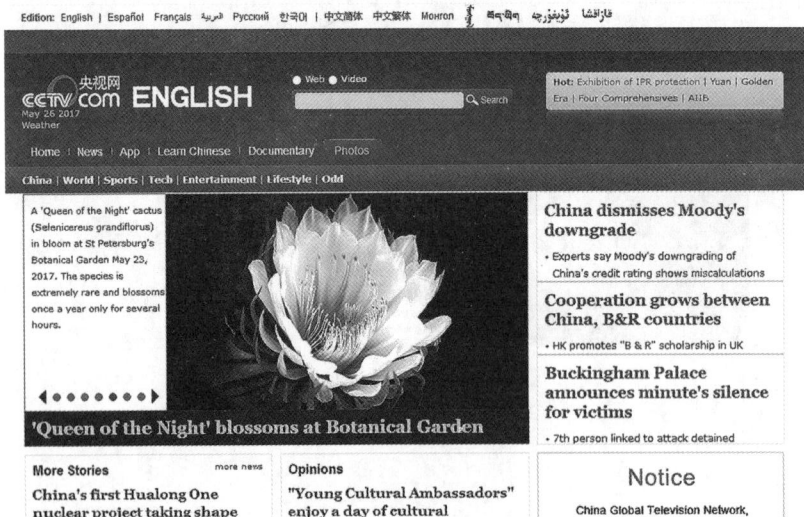

图 24

2. http://www.voanews.cn

图 25

3. http://www.listeningexpress.com

图 26

4. http://podcasts.net

Podcasts.net

Related Links

》 **Podcasts**　　　　　　　》 **Radio Podcasts**

》 **Free Podcast**　　　　　》 **Radio Host**

》 **Podcast**　　　　　　　》 **Podcast Definition**

》 **Bill Burr Podcast**　　　》 **How to Pod Cast**

》 **ESL Listening Exercises**　》 **Talk Radio Show**

图 27

四、英文参考资源

1. http://dictionary.cambridge.org

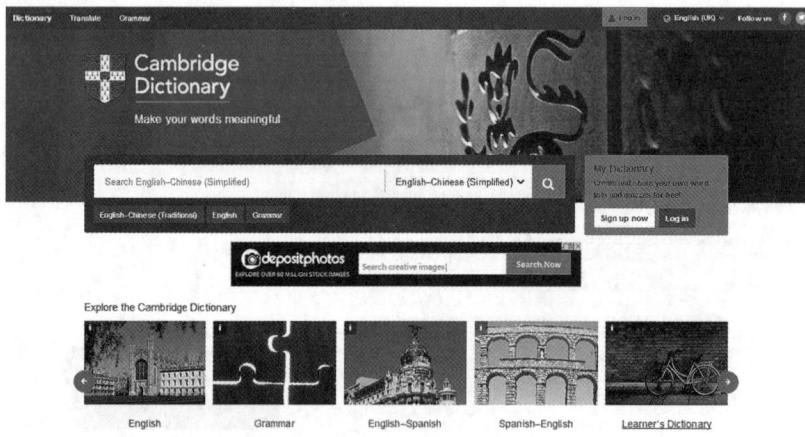

图 28

2. https://www.oxforddictionaries.com

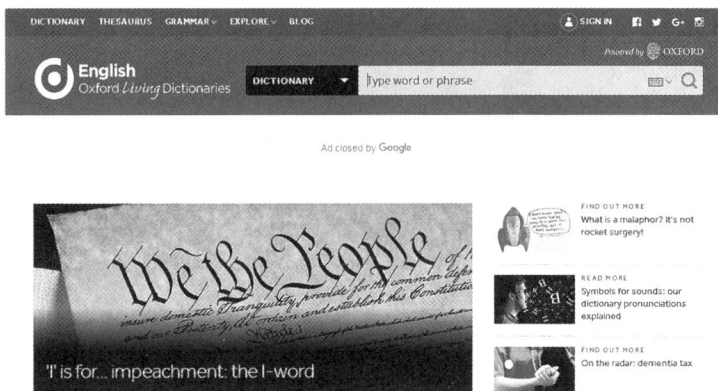

图 29

3. http://www.ipl.org

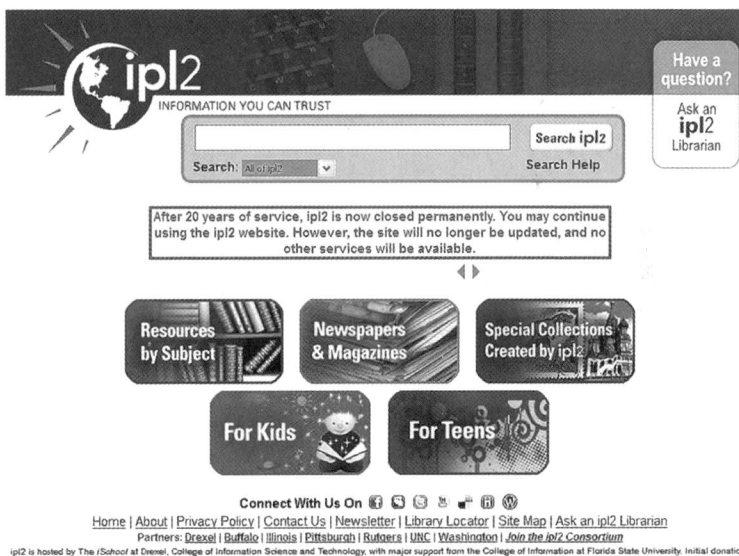

图 30

4. http://britannica.com.au

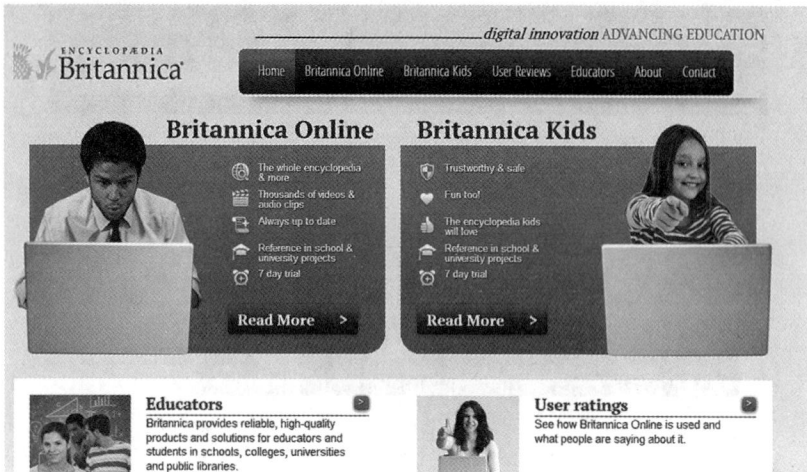

图 31

5. https://www.collinsdictionary.com

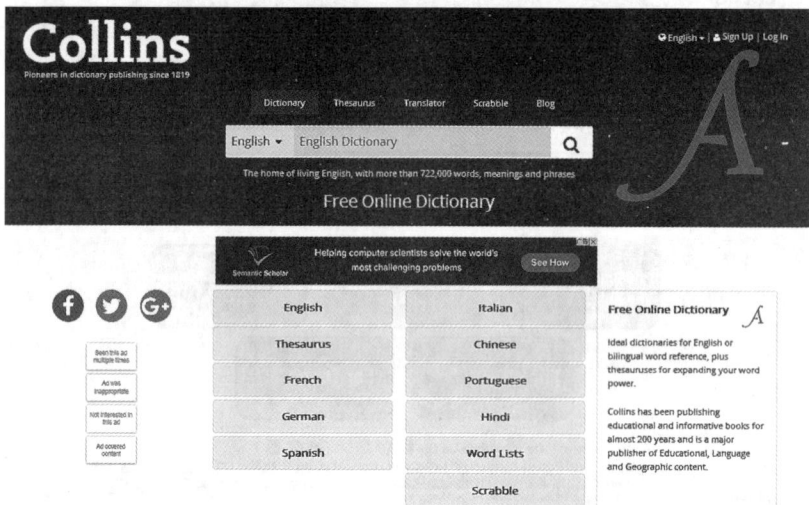

图 32

6. https://en.wikipedia.org/wiki/Main_Page

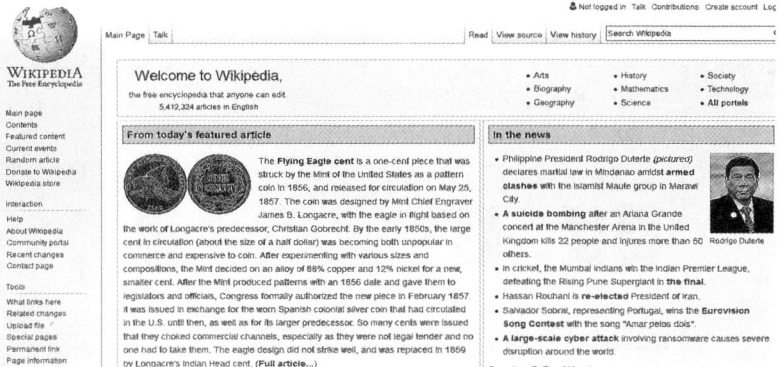

图 33

7. http://www.anc.org

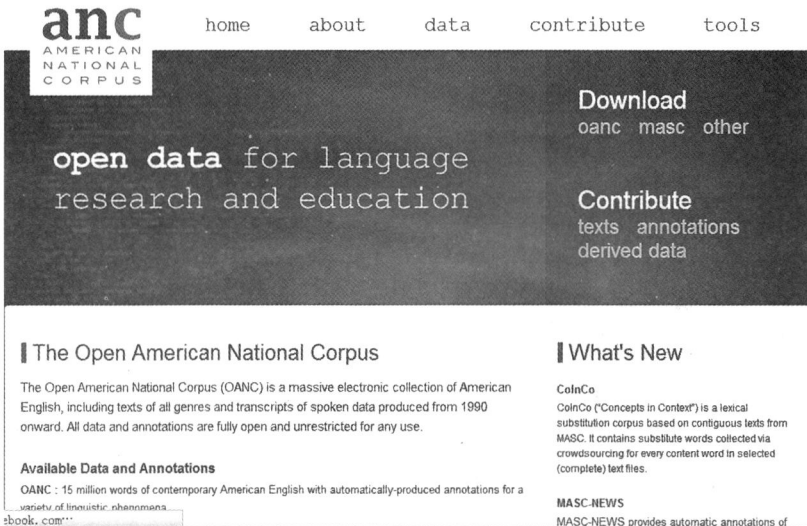

图 34

五、英文电子语篇资源

1. http://www.gutenberg.org

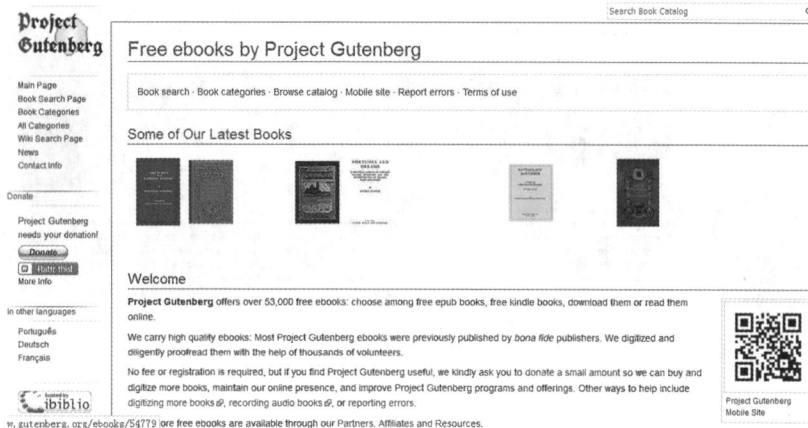

图 35

2. http://www.imdb.com

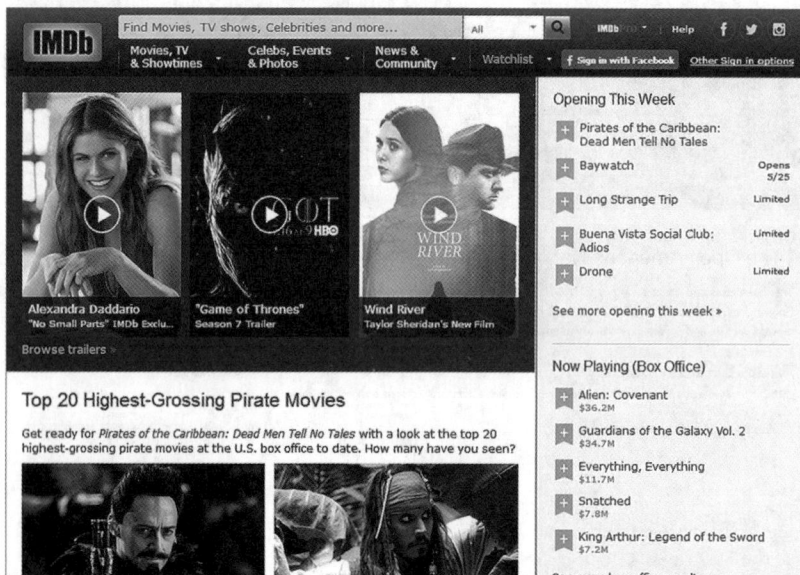

图 36

3. https://www.amazon.com

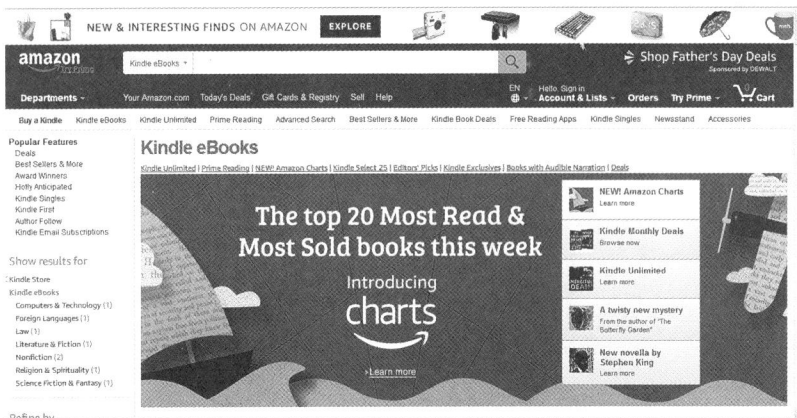

图 37

六、语言学习微信平台

1. 英语环球 NEWSPlus

2. 中国日报网双语新闻

3. 英语世界

4. 武太白英语教学

5. 翼课网

6. iPad 教学资讯

7. NGLYoungLearners

七、语言学习 APP

1. iBooks

2. iTunes U

3. 中国大学慕课

4. 知米背单词

5. 扇贝单词

6. Newsela

7. Goodtalker

八、学习工具资源

1. www.wenjuan.com

2. shimo.im

3. popplet.com

4. www.yiqixie.com

5. piratepad.net

6. iBooks Author-Apple

7. get.bodoudou.com

第三节　基于互联网技术下的课堂教学技术模式

基于信息技术的教学，资源丰富，渠道众多，课堂教学该如何与技术相结合？该怎么运用技术为教学服务？

1. 教学＋投影

投影是老师用得最多，也是最熟悉的教学设备。"教学＋投影"这个组合模式所需要的硬件主要有：投影机、电脑、屏幕、网络、音响等，其中网络能够扩大教学资源圈。如果没有网络，这个模式只是建构了一个课堂教学局域网：投影、电脑、屏幕和音响等设备连接起来，教学的资源由教师事先储存在电脑里。如果链接网络，那么教学资源就大大拓宽了，教师需要考虑选择、组合，并引导学生运用。

"教学＋投影"模式所需要的软件常用的有：PowerPoint、Keynote、Prezi 等。其中 Keynote 只适用于苹果系列产品，但它跟 PowerPoint 软件一样是以单线条时序呈现内容，而 Prezi 软件则打破了 PowerPoint 和 Keynote 的固化课件形式，采用系统性与结构性一体化的方式来进行演示，以路线的方式呈现，可以从一个幻灯片拉到任何一张所需呈现的幻灯片，配合旋转等动作则更有视觉冲击力。

2. 教学 + 电子白板

电子白板是最近才进入教室的教学设备，与前面讲的投影机的本质应该说没什么差异，但是它将传统的黑板与先进的电脑终端整合起来，具有很强的互动功能。"教学 + 电子白板"模式的硬件主要是电子白板、电脑、网络、音响等。电子白板必须与网络相连才能充分发挥其强大的功能，它就像一台屏幕放大了的触摸式电脑终端页面。教师不但随时可以调用事先储存在电脑里的各种教学设计，也可以进行即兴板书，而且可以不断地与学生进行互动。

"教学 + 电子白板"模式所需要的软件除了常见的 PowerPoint、Keynote、Prezi 外，各种教学 APP 都可以使用，如前面提到的 iBooks、Goodtalker 以及各种语言学习平台。

3. 教学 + 电子书包

电子书包就是将涉及的教学材料电子化，再通过多媒体教学软件实现在线测评、辅导、自学等。其实它并非简单地把教材电子化，而是按照一定的逻辑进行组合，学生可以通过它在课前课后向老师提问，把课堂上老师的板书拷贝下来。作业与考试都可以在上面完成，老师方便批改，并且可以回看学生做题的过程，分析学生的特点，这是传统纸质方式无法实现的。"教学 + 电子书包"模式所需要的硬件有平板电脑或Windows+PC 的电脑终端、Wifi 或有线宽带等。由于软件和教学资源都是现成的产品，教师所要做的更多地是如何将它们与教学活动有机地结合起来，真正让电子书包起到教师的助手的作用，如课后如何让学生通过电子书包进行有效的自学，如何利用电子书包的评价功能促进学生知识的学习与各种能力的发展。

4. 教学 + 平板电脑

平板电脑也叫便携式电脑，以触摸屏作为基本的输入设备。它拥有的触摸屏允许用户通过触控笔或数字笔来进行操作，而不是传统的键盘或鼠标。使用者可以通过内置的手写识别器、屏幕上的软键盘、语音识别软件或者传统的键盘实现输入。它便于携带与输入，集各种软件和信息技术功能于一身。如果人手一台，形成人机合一的组合，再通过网络，便于互动交流，可以组成师生学习共同体。在这样的学习共同体里，师生的角色关系发生了很大的变化，以学生为主体、学习为中心的理念就能实现了。教师要尽可能多地考虑如何便于学生参与、互动、分享、交流、合作、探究等，真正做到深度学习。

第四节　案例：基于现代信息技术的学习活动

这是我在 2016 年暑假一次全国性的英语教师培训活动中讲授的展示课。具体分析如下。

一、文本

Is your memory online?

If you are trying to find out who invented algebra or what language they speak on the island of Aruba, do you ask a friend, go to the library, or look it up online? These days, most people will look it up online with a quick Internet search. "Just Google it," people say, using the name of the popular Internet search engine. As Internet users become more dependent on the Internet to store information, are people remembering less? If you know your computer will save information, why store it in your own personal memory, your brain? Experts are wondering if the Internet is changing what we remember and how.

In a recent study, psychologist Betsy Sparrow of Columbia University in New York conducted four different experiments. She and her research team wanted to know how the Internet is changing memory. In the first experiment, they gave people 40 unimportant facts to type into a computer. The first group of people understood that the computer would save the information. The second group understood that the computer would not save it. Later, the second group remembered the information better. People in the first group knew they could find the information again, so they did not try to remember it.

In another experiment, the researchers gave people facts to remember. In addition, the researchers told them where to find the information on the computer. The information was in a specific computer folder. Surprisingly, people later remembered the folder location better than the facts. When people use the Internet, they do not remember the information. Rather, they remember how to find it.

This is called "transactive memory". In transactive memory, we remember where to find the information, but we don't remember the information. Before the Internet, people used transactive memory to remember which person or book had the information they needed. Now, instead of asking a friend or classmate for information, people use the Internet. With the Internet, endless information is available. We don't have to remember the information, but do have to remember where it is stored.

According to Sparrow, we are not becoming people with poor memories as a result of the Internet. Instead, computer users are developing stronger transactive memories: that is, people are learning how to organize huge quantities of information so that they are able to access it at a later date. That doesn't mean we are becoming either more or less intelligent, but there is no doubt that the way we use memory is changing.

二、教学内容分析

1. 主题：人与社会（网络对生活、学习的影响）

2. 语篇类型：论说文 "Is your memory online?"（理由＋结论）

3. 学习策略：通过略读获取中心内容；通过实验证明观点。

4. 语言知识：表达事由、求证观点的词语。

5. 语言技能：以阅读为主，结合写、听、说、看。

6. 文化价值：追求真理。

三、学生现状分析

这是一节借班上的课，学段是高二年级。该学校地处四线城市，其生源是当地第三批次录取的。学生学习努力，但习惯于做题，英语的听、说能力不强，阅读能力主要局限于应试范围，写的能力相对滞后。平时网络接触不多，但微信操作熟练。

四、教学目标和难度分析

本课结束时，学生能够：

1. 完成一项问卷调查，了解人们对"网络是否影响记忆"的看法，并写出调查报告；

2. 通过对文本的深度学习，掌握论说文的行文特点（reason + conclusion），理解心理学家 Sparrow 的观点；

3. 学习 Sparrow 的研究方法，完成一项实验，验证 Sparrow 的观点；

4. 完成一篇题为"The Influence of the Internet on Our Memory"的报告。

学生在完成上述任务时，有以下困难：

1. 学生从未作过正式的社会调查；

2. 学生从未写过英语调查报告和实验报告；

3. 大多数学生没有使用过 PPT 进行呈现的经验；

4. 学生从未接受过批判性思维训练；

5. 学生不习惯自主性学习。

基于此，传统课程教学无法完成这节课的教学目标。因此，我尝试"互联网＋教学"的模式。

五、信息技术运用

1.通过微信群，建立师生移动学习共同体，教师对学生进行个性化指导，并加强学生间的真实性互动。

图 38

2. 教师通过 shimo.im（石墨）网页，搭建学生学习平台（Homepage），提供学生学习活动的材料、活动的参考标准和语篇学习的指导建议，引导学生自主性学习。

1）导学：

The influence of the Internet on memory

What do you think?

What do people think?

What do experts think?

What will you think after an experiment?

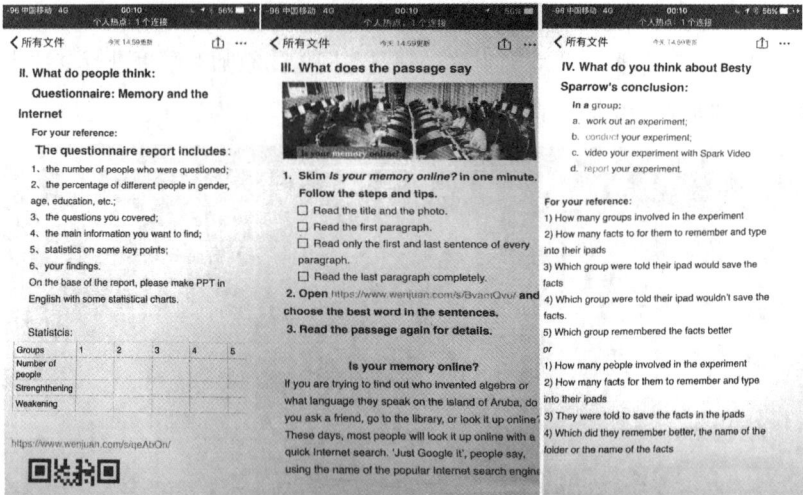

图 39

图 40

2）导读：

（1）Global Reading

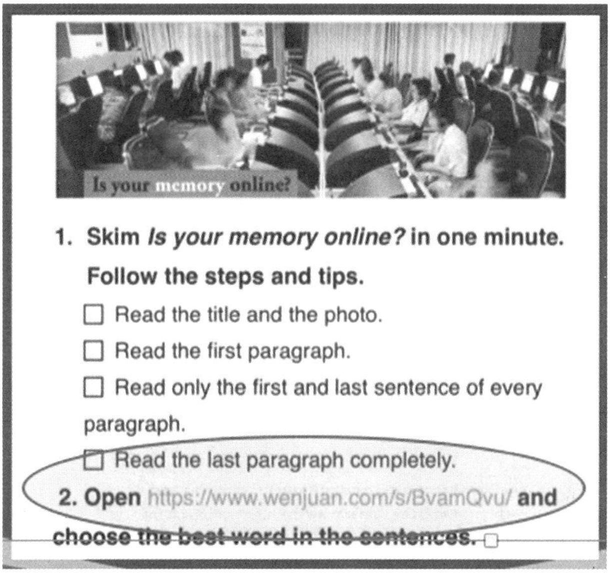

图 41

（2）Close Reading

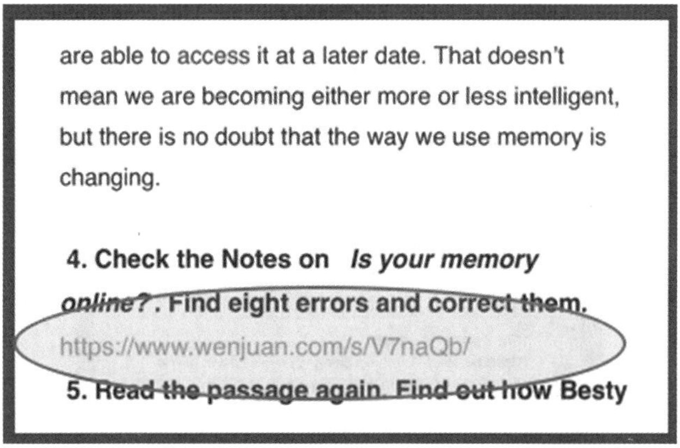

图 42

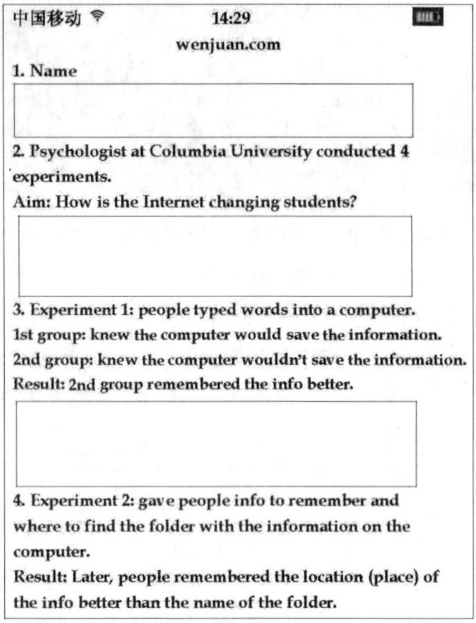

图 43

(3) Critical Reading

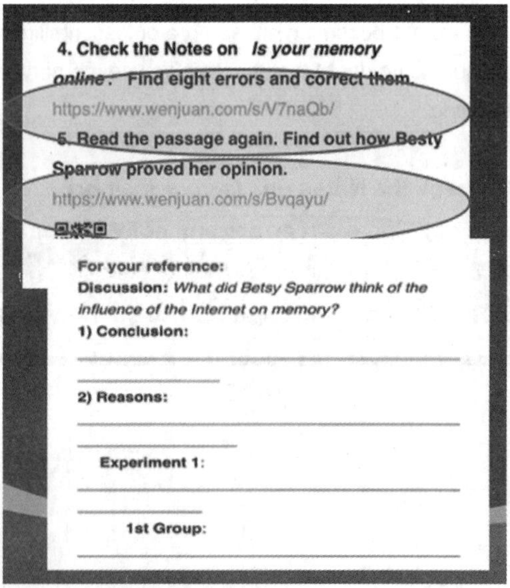

图 44

图 45

3. 学生通过 shimo.im 网页，搭建小组活动平台，并与主平台链接，便于学生的小组合作学习。

图 46

4. 使用 www.wenjuan.com，完成问卷调查和有关学习活动的数据统计，用于评价。

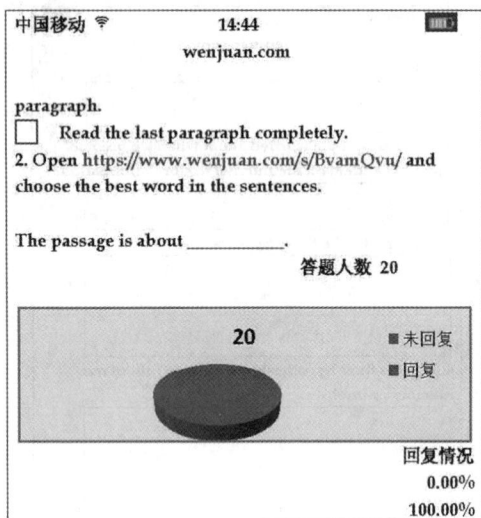

图 47

5. 硬件设备运用

1）电脑

2）iPad 或智能手机

3）宽带

4）Wifi

5）屏幕

6）投影机

六、学习活动

（一）课前活动

1. 学生小组活动。借助 www.wenjuan.com 网设计问卷（汉语），通过微信朋友圈等渠道进行问卷调查，并通过网站自动统计人们对"网络是否影响记忆"的看法，据此写出简单的调查报告（英语），然后上传到各组平台，便于教师调控、评价学生的学习活动，也便于学生进行交互评价。教师在 Homepage 提供"调查报告的参考要点（评价标准）"。

2. 学生自主学习。在 Homepage 上阅读"Is your memory online?"

一文，先按照 skimming 的提示，完成 Global Reading，抓住文章主题和段落大意，再进行 Close Reading，掌握文章的细节。教师使用 www.wenjuan.com 网设计两个评价工具，链接在 Homepage 上：1）选择正确的词完成句子；2）修改读书笔记的信息错误。

（二）课中活动

1. What do you think of the influence of the Internet on your memory?

教师借助 www.wenjuan.com 网，设计问卷。学生通过微信扫二维码，进入问卷界面并作答。整个活动在两分钟内完成。55% 的学生认为：The Internet makes our memory weak.

2. What do people think of the influence of the Internet on memory?

各组代表根据课前所作的社会调查，借助 PPT 课件，完成简短的调查报告（"评价标准"见前文）。数据统计：

	Group 1	Group 2	Group 3	Group 4	Group 5
Number of people interviewed	107	132	163	181	130
Weak （%）	67.29	53.8	32.5	48.1	54.6
Strong （%）	32.71	46.2	67.5	51.9	45.4

3.What do experts think of the influence of the Internet on memory?

学生自主学习。在 Global Reading 和 Close Reading 两个层次阅读的基础上，对文章进行批判性阅读，梳理作者的思维轨迹。教师提供导读框架（斜体部分是学生完成的）：

Conclusion	*We are not becoming people with poor memories as a result of the Internet. It is changing what we remember and how.*	
Reasons	Experiment 1	*People typed 40 unimportant facts into a computer.*
	Result 1	*Group 2 remembered the information better.*
	Experiment 2	*People were given some facts to remember and also were told where to find the facts on the computer.*
	Result 2	*They remembered the location of the information better than the facts.*

学生通过这一层面阅读，掌握了 argument 的基本结构，即：reason(s) + conclusion。

4. What do you think of Sparrow's conclusion?

学生小组活动。参考 Sparrow 的实验，设计一个小实验。第一组通过微信视频，与远在柏林的一位老师做了一个小实验；第二小组也通过微信视频，与在另一城市的一位老师做了一个记忆测试。其他小组，利用现场条件，借助 iPad 终端设备，与观摩教师做了一个实验。通过实验，证明 Sparrow 的观点。

5. Final report: "The Influence of the Internet on Our Memory"

学生小组活动。完成报告，上传在小组平台上，供学生之间互评。然后选出代表，在课堂上进行陈述。参考要点：

1) What did we think of the influence of the Internet on our memory?（复述课开始阶段问卷调查的结果）

2) What do most people think of the influence of the Internet on our memory according to our questionnaire?（复述各小组问卷调查的结果）

3) What does Betsy Sparrow and other experts think of it in the article we've read?（总结自己对文章的理解）

4) What kind of experiment did we do?（呈现小组实验）

5) What result did we get?（总结小组实验结果）

6) What conclusion do we make?（回答报告标题的问题）

（三）课后活动

1. 学生各自修改自己小组的报告；

2. 通过微信群，讨论以下两个问题：

1) What kind of information do you think is good to let the Internet "remember" for you? What kind of information do you need to remember?

2) Do you think that you remember the location of information better than the actual information? Why or why not?

七、教学设计与实施说明

这节课所运用的设备技术、网络软件有：iPad、移动手机、电脑、投影机、宽带网络、微信软件、shimo.im（石墨网）、www.wenjuan.com（问卷网）等。借助现代信息技术，教师建立了学生移动学习共同体（微信群）和学习活动互动平台（shimo.im），扩大了课堂空间和学习资源，也整合了课外的学习时间，最终不但有效地完成了传统教学模式无法完成的大容量学习活动，而且促进了学生学习方式的改变。1）个性化学习得到保障。每个学生在石墨平台上，根据自己的实际情况，选择阅读时间、速度和次数。2）自主学习和合作学习落到实处。学生或独立或分组完成了本节课的三大活动：问卷调查、批判性阅读和实验。3）深度学习成为可能。这节课促进了学习活动向纵深发展：一是阅读活动层层深入，Global Reading—Close Reading—Critical Reading；二是思维活动步步展开，自己的观点→人们的观点→专家的观点→实验求证→自己的发现。另外，通过微信群、石墨平台和问卷网，教师可以获得各种数据，有效地监控、评价学生的学习活动。

参考文献

Cedefop, 2008. European Parliament and Council of the European Union.

中华人民共和国教育部，2012. 义务教育 英语课程标准（2011 年版）. 北京：北京师范大学出版社 .

中华人民共和国教育部，2014. 教育部关于全面深化课程改革 落实立德树人根本任务的意见 . 2014-3-30.

中华人民共和国教育部，2014. 普通高中课程方案（修订稿）.

中华人民共和国教育部，2016. 中国学生发展核心素养 . 中国教育学刊 . 2016, 9.